KB206099

높은 삶으로의 부르심

높은
삶으로의
부르심

첫판 1쇄 2021년 9월 30일

지은이 전두승
발행인 전두승
디자인 한영애
교 정 김은옥
펴낸곳 하리운출판사

출판등록 제386-251002019000024호

주소 경기도 부천시 소사본동 216-6
홈페이지 www.hariun.com
유튜브 하리운 TV
전자우편 globaldm2030@yahoo.com

ISBN 979-11-972876-2-6 03230

전두승 지음

높은
삶으로의
부르심

A Call to a Higher Life

영광의 부흥을 위한 통로

하리운

서문

고등학교 3학년 때 성령세례를 받고 3일 동안 마음이 상쾌하고 기뻤다. 기도하러 산에 올라가면 나무들이 춤을 추는 것처럼 보였다. 이것은 단지 회개하고 죄 사함 받아 새 생명으로 태어나서 누리게 된 자유함 때문만이 아니라, 하늘의 기쁨과 하나님 영광의 아름다움을 체험한 것임을 시간이 지난 후에 알게 되었다. 그때 마음으로 '평생 주님만 생각하면서 살고 싶다'고 고백했다.

그러나 현실은 그렇지 못했다. 주님을 믿노라 하고, 매일 기도하고 말씀을 읽고 주일에는 빠지지 않고 교회에서 예배드렸다. 이렇게 신앙생활을 하고 신학교를 졸업하여 목사가 되고 목회와 선교 사역과 신학교 강의 사역을 했지만, 그때 경험한 그 기쁨은 먼 옛날처럼 여겨졌다. 매일 기도하면서도 의심과 근심과 염려와 걱정은 떠나지 않았고 대놓고 죄를 짓지는 않았지만, 끈질기게 나를 괴롭게 하는 육신의 욕망과 나 자신을 옥죄이는 쉽게 굴복되지 않는 자아에서 나오는 육신적 생각과 야망이 주님이 주시는 참된 평화와 진정한 자유와 기쁨을 누릴 공간을 장악했기 때문이다. 그러다 보니 하나님을 믿으면서도 근심이 떠나지 않았고, "항상 기뻐하고 범사에 감사하라"는 말씀에 순종조차 힘들었고 참 안식을 누리지 못했다.

그러면서도 내 안에서는 지속해서 "아니다. 이것보다 더 나은 길이 있다. 진리가 너희를 자유롭게 한다고 하지 않았는가? 성령의 열매인 희락과 화평, 주님께서 '너희 기쁨이 충만하리라' 하신 약속을 왜 누리지 못하는가?"라는 근원적인 질문이 긴 세월 동안 떠나지 않았다. 이는 나 자신을 주님께 굴복시키지 않고 죄를 버리지 않았기 때문에 하나님의 자녀에게 약속된 참된 자유와 하늘의 기쁨을 누리지 못했던 것이다.

그러나 이제는 아니다. 성령세례 받은 후 33년 만에 임한 불세례와 하나님의 영광을 체험한 후에는 이 땅에 살면서도 높은 곳에 거하는 삶, 곧 그분의 영광의 아름다움을 누리는 삶을 알고 누리게 되었기 때문이다.

의심의 안개가 미치지 못하는 곳이 있다. 근심의 구름이 발아래 잠기는 곳이 있다. 평화는 기본이요, 감사와 찬양과 기쁨이 넘치는 곳이 있다. 그곳은 빛과 사랑이 언제나 넘친다. 그곳은 열매나 소출이 없어도 모든 것의 모든 것이 되시는 여호와로 인하여 즐거워한다. 그곳은 근원적인 인생의 문제를 해결하신 구원의 하나님으로 인하여 기뻐한다. 그곳은 높고 거룩하다. 그곳은 지성소요, 영광의 집이다. 그곳은 노래로만, 찬양으로만, 경배로만 호흡하는 곳이다. 그곳은 내 맘속에 이루어진 하늘나라이다. 그리고 그 평화와 기쁨은 하나님의 아름다움인 그분의 영광 안에 담겨 있다. 주님께서 내게 "네가 믿으면 하나님의 영광을 보리라!"는 음성으로 들려주시고, "여호와의 영광 곧 우리 하나님의 아름다움을 보리로다"(사 35:2) 하신 그 영광이다. 하늘나라에서나 누릴 수 있다고 생각한 하나님의 영광을 이 땅에서 보는 것이다. 그래서 "영광에서 영광에 이르니 곧 주의 영으로 말미암음이니라"(고후 3:18)고 하셨다.

이 책은 불세례 이후 지속해서 들려온 주님의 음성에 순종하여 발견한 영적 실제로서 《들리는 하나님의 음성》 후속편이다. 이 글을 읽는 여러분도 높은 삶으로의 부르심에 응답하여 이 땅에서 하나님의 영광을 누리는 기쁨을 발견하기를 기도한다.

높은 곳에 다니는 삶을 위해 오늘도 나는 죄를 버리고 거룩한 곳에 선다. 높은 곳에 다니는 삶을 위해 오늘도 나는 여호와를 즐거워하고 기뻐하며 찬양한다.

높은 곳에 다니는 삶을 위해 오늘도 나는 주님의 얼굴과 영광을 사모한다. 높은 곳에 다니는 삶을 위해 오늘도 나는 그분의 나라(통치)와 그분의 의(의로움)를 구한다. 높은 곳에 다니는 삶을 위해 오늘도 나는 주님의 심장(사랑)에 가슴을 기댄다.

비록 무화과나무가 무성치 못하며 포도나무에 열매가 없으며 감람나무에 소출이 없으며 밭에 식물이 없으며 우리에 양이 없으며 외양간에 소가 없을지라도 나는 여호와를 인하여 즐거워하며 나의 구원의 하나님을 인하여 기뻐하리로다 주 여호와는 나의 힘이시라 나의 발을 사슴과 같게 하사 나로 나의 높은 곳에 다니게 하시리로다(합 3:17-19).

하나님의 리콜 운동

2021. 9. 30

전두승 목사

차례

1장

하나님과의
친교

하나님과의 친교

하나님의 음성을 듣기 위해 우리는 반드시 그분의 임재 안에서 시간을 보내야 한다. 하나님과 일대일로 친밀한 시간을 보내는 것은 말할 수 없는 보배이다. 우리는 이 장소에서 그분을 친밀히 들을 수 있고 큰 지혜와 방향을 얻는다, 나를 위해서, 다른 사람을 위해서 듣는 것이다. 사무엘은 어릴 때부터 하나님의 임재를 즐겼다. 제사장으로서 하나님의 음성을 들어야 할 엘리 제사장이 하나님과의 친교를 잃고 하나님의 음성을 듣지 못할 때 사무엘은 하나님의 궤가 있는 하나님의 전에 누웠다가 그분의 음성을 들었다.

아이 사무엘이 엘리 앞에서 여호와를 섬길 때에는 여호와의 말씀이 희귀하여 이상이 흔히 보이지 않았더라 엘리의 눈이 점점 어두워가서 잘 보지 못하는 그 때에 그가 자기 처소에 누웠고 하나님의 등불은 아직 꺼지지 아니하였으며 사무엘은 하나님의 궤 있는 여호와의 전 안에 누웠더니 여호와께서 사무엘을 부

높은 삶으로의 부르심

르시는지라 그가 대답하되 내가 여기 있나이다 하고(삼상 3:1-4).

사무엘은 선지자가 되기 전에 하나님의 친구가 되었다. 하나님의 집 모든 사람이 잠자리에 들었을 때, 어린 사무엘만은 하나님의 전 법궤 옆에 누워야 함을 느낀 것이다. 그는 그저 하나님과 함께 지내기 원했다. 아직 성전의 등불이 타고 있는 밤에, 하나님의 임재 안에 머물러야 하지 않을까 생각했던 것이다. 사무엘상 3장 7절을 보면, 그때는 사무엘이 여호와를 알지 못했고 여호와의 말씀이 아직 그에게 나타나지 않았다. 그는 한 번도 하나님의 음성을 듣지 못했다. 그러나 하나님 곁에 있기 원했다. 하나님을 즐거워하는 것, 곧 그분과의 친교를 원했기 때문에 하나님께서 사무엘에게 말씀하신 것이다. 하나님의 백성을 대신하여 하나님의 음성을 들어야 했던 엘리 제사장을 비롯한 성전에서 섬기는 모든 사람이 하나님의 음성을 듣지 못하였다. 그들은 하나님과의 친교를 잃어버렸고, 더이상 하나님 곁에 머물기를 즐기지 않음으로 하나님의 음성을 듣지 못했다. 그러나 하나님 곁에 머물기를 좋아했던 사무엘에게 하나님께서 말씀하셨고, 그는 하나님의 친구가 되는 비결을 알게 되었다.

우리는 하나님과의 친교 안으로 들어가는 방법을 터득해야 한다. 하나님을 예배하고 경외함이 그분을 알게 되는 첩경이요, 그분에게서 듣는 방법이다. 하나님의 음성을 듣기 위해 하나님의 임재 안에서 시간을 보내야 한다. 우리가 그분과 시간을 보낼 때 그분께 들을 수 있다. 그분과의 관계를 즐거워할 때 그분의 친구가 될 수 있다. 하나님의 형상으로 지음받은 우리를 향해 하나님께서 보시기에 좋았다고 하셨다. 창조자 하나님과 관계 맺을 때, 우리는 최상의 가치를 소유하게 된다. 그러므로 하나님과의 관계성은 우리의 삶 중에서 가장 귀한 것이며, 우리는 그것에 최우선 순위를 두어야 한다. 하나님과의 관계성을 갖는 데 어떤 방법을 택하는가는 그리 중요하지 않다. 자녀들이 부모에게 오는 것처럼 자녀로서 하나님께 오면 되는 것이다. 사무엘이 하나님의 법궤 옆에 왔을 때, 무엇을 바라거나 목적을 가지고 온 것이 아니다. 하나님의 임재 곁에 있는 것이 좋아서 온 것이다. 어린아이처럼 단순히 가까이 가면 된다.

어릴 때 성경학교에서 배운 노래이다. "예수께로 가면 나는 기뻐요 걱정 근심 없고 정말 즐거워 예수께로 가면 나는 기뻐요 나와 같은 아이 부르셨어요." 하나님은 우리 마음에 그분을 두기만 하면, 언제 어디서나 우리와 함께하신다. 우리는 생각과 말과 행동에서 하나님과 하나 되기를 원해야 한다. 그분은 우리 가운데 거하기를 원하신다. 그분은 임마누엘 하나님이시다. 우리 안에 하나님이 거하시는 비밀의 장소가 있다. 우리가 영으로 그 비밀의 장소에서 그분과 연합하면, 우리와 함께하시는 증거를 볼 수 있다.

> 지존자의 은밀한 곳에 거하는 자는 전능하신 자의 그늘 아래 거하리로다
> (시 91:1).

전능하신 하나님의 그늘 아래 한시도 함께하지 않으면 우리는 아무것도 할 수 없다. 그분의 그림자는 그분 임재의 보금자리이다. 우리가 그 비밀의 장소에 머물면 그분에게 붙어 있을 수 있다. 그 비밀

의 장소는 사무엘 때와 같이 어떤 물리적 장소가 아니라 우리의 마음 안이다. 우리는 어느 한 곳이 아니라 어디에라도 있을 수 있다. 우리가 영 안에서 그분에게 초점을 맞춘다면, 우리는 항상 어디서나 지존자의 은밀한 곳, 그분의 그늘 아래 거할 수 있다. 하나님과의 친교를 개발한 자는 언제 어디서나 그분의 임재를 느낄 수 있으며, 그분의 음성을 들을 수 있다. 직장, 사업장, 거리나 전철 안에서도 우리영 안의 하나님과의 비밀한 장소에 들어가 우리를 기다리시는 주님과교제할 수 있다. 주님은 항상 그곳에 계시며 우리를 기다리신다. 이런곳에서 하나님이 말씀하시고 우리는 듣게 되는 것이다. 나에게는 종종 그곳이 교회에서 찬양할 때나 새벽에 혼자 즐겨 있는 거실만이 아니라, 때로는 설거지를 돕는 부엌이나 샤워하는 욕실이 되기도 한다.

하나님의 친구가 되고 그분께 들을 때 가장 중요한 것은 두 가지이다. 첫째, 하나님과 시간을 보내는 것이다. 즉 그분을 기다리는 것이다. 강렬하고 고요한 신뢰를 가지고 잠잠히 기다리며, 주님의 임재를 갈망하고 그분에 대한 간절한 기대를 하는 것이다.

> 내가 여호와께 청하였던 한 가지 일 곧 그것을 구하리니 곧 나로 내 생전에 여호와의 집에 거하여 여호와의 아름다움을 앙망하며 그 전에서 사모하게 하실 것이라(시 27:4).

둘째, 무엇을 하든 주님을 깊이 생각하는 것이다.

그러므로 함께 하늘의 부르심을 입은 거룩한 형제들아 우리의 믿는 도리의 사도시며 대제사장이신 예수를 깊이 생각하라(히 3:1).

삶의 순간순간마다 하나님께서 나를 친구 삼기 원하신다는 것을 알면 얼마나 영광스러운 일인가? 절대 외롭지 않을 것이다. 그러므로 하나님을 위해 무엇을 하는 것보다, 하나님의 친구가 되는 것이 더 귀하다. 오늘도 그분 사랑의 넓이와 높이와 길이와 깊이를 아는 장소로 나아가자. 그분은 사랑이시다. 하나님께서 그분 성품의 모든 아름다운 면을 보여 주기 원하시는 친밀함 안으로 들어가자. 그분은 인자하시고 자비하시며 우리에 대한 사랑은 영원하다. 하나님께서는 수십억의 사람 중에서 나를 그분과의 깊은 친교로 부르신다. 그분과 친구 되는 초청이 내 앞에 놓여 있다. 이 초청에 응하면, 그분에게 나아오고 그분과 시간을 보내는 것이 가장 아름답고 귀한 것임을 깨닫게 될 것이다. 그러면 우리에 대한 하나님의 완전하신 계획을 미련 없이 듣게 될 것이다. 그 친교를 통해 우리는 하나님의 백성을 향한 그분 음성의 전달자가 될 수 있을 것이다. 모두가 자기 처소에서 잠자고 있을 때, 이 시대를 향한 주님의 음성을 듣는 자를 찾으시기 때문이다.

여호와의 친밀함이 경외하는 자에게 있음이여 그 언약을 저희에게 보이시리로다(시 25:14).

높은 삶으로의 부르심

하나님의 임재 안으로 들어가는 방법

하나님과의 친교를 개발하기 위해 필요한 것은 두 가지이다. 첫째, 하나님과 시간을 보내는 것이다. 즉 그분을 기다리는 것이다. 둘째, 무엇을 하든 주님을 깊이 생각하는 것이다. 하나님의 임재 안으로 들어가기 위해서는 계속 주님과 동행하면서 주님 안에 거해야 한다. 앉아서 묵상을 하거나 산책을 하거나, 심지어 일하는 중에도 주님의 얼굴과 그분의 영광을 바라보고 사모하는 것이다. 임재 연습은 우리가 주님 안에 거하기 위한 최상의 방법이다.

1. 하나님의 임재를 사모하라.

임재에 들어가기 위한 전제조건은 주님을 갈망하고 그분을 기다리는 것이다.

하나님이여 사슴이 시냇물을 찾기에 갈급함 같이 내 영혼이 주를 찾기에 갈급하니이다(시 42:1).

저가 사모하는 영혼을 만족케 하시며 주린 영혼에게 좋은 것으로 채워주심이로다(시 107:9).

나의 영혼이 주의 구원을 사모하기에 피곤하오나 나는 오히려 주의 말씀을 바라나이다(시 119:81).

주를 향하여 손을 펴고 내 영혼이 마른 땅 같이 주를 사모하나이다(시 143:6).

2. 하나님의 임재에 들어가는 방법

(1) 하나님의 말씀 묵상(성경, 기도)

말씀 묵상 중에 하나님의 임재로 들어간다. 말씀을 통해 나에게 말씀하시는 하나님의 사랑과 은혜를 사모하고 감사한다.

여호와의 율법은 완전하여 영혼을 소성케 하고 여호와의 증거는 확실하여 우둔한 자로 지혜롭게 하며 여호와의 교훈은 정직하여 마음을 기쁘게 하고 여호와의 계명은 순결하여 눈을 밝게 하도다 여호와를 경외하는 도는 정결하여 영원까지 이르고 여호와의 규례는 확실하여 다 의로우니 금 곧 많은 정금보다 더 사모할 것이며 꿀과 송이꿀보다 더 달도다(시 19:7-10).

(2) 방언 기도

영으로 기도한다. 우리가 모르는 비밀을 하나님은 아시고, 성령께서 하나님께 간구하여 하나님의 뜻이나 지혜를 알려 주신다. 방언 기도, 찬양, 신령한 노래들을 통해 하나님의 임재 속으로 들어갈 수 있다.

내가 예언하는 능이 있어 모든 비밀과 모든 지식을 알고 또 산을 옮길만한 모든 믿음이 있을지라도 사랑이 없으면 내가 아무 것도 아니요(고전 13:2).

이와 같이 성령도 우리 연약함을 도우시나니 우리가 마땅히 빌 바를 알지 못하나 오직 성령이 말할 수 없는 탄식으로 우리를 위하여 친히 간구하시느니라 마음을 감찰하시는 이가 성령의 생각을 아시나니 이는 성령이 하나님의 뜻대로 성도를 위하여 간구하심이니라(롬 8:26-27).

그러면 어떻게 할꼬 내가 영으로 기도하고 또 마음으로 기도하며 내가 영으로 찬미하고 또 마음으로 찬미하리라(고전 14:15).

(3) 찬양

기도는 하나님을 일하시게 하고, 찬양은 하나님을 싸우시게 한다는 말이 있다. 성령 임재 찬송과 감사 찬송, 경배 찬양과 사랑을 고백한다.

여호와께 영광을 돌리며 섬들 중에서 그의 찬송을 선전할지어다 여호와께서 용사 같이 나가시며 전사 같이 분발하여 외쳐 크게 부르시며 그 대적을 크게 치시리로다(사 42:12-13).

그 입에는 하나님의 존영이요 그 수중에는 두 날 가진 칼이로다 이것으로 열방에 보수하며 민족들을 벌하며 저희 왕들은 사슬로, 저희 귀인은 철고랑으로 결박하고 기록한 판단대로 저희에게 시행할지로다 이런 영광은 그 모든 성도에게 있도다 할렐루야(시 149:6-9).

내가 전심으로 여호와께 감사하오며 주의 모든 기사를 전하리이다 내가 주를 기뻐하고 즐거워하며 지극히 높으신 주의 이름을 찬송하리니(시 9:1-2).

감사함으로 그 문에 들어가며 찬송함으로 그 궁정에 들어가서 그에게 감사하며 그 이름을 송축할지어다(시 100:4).

(4) 예수 기도

예수님의 이름을 단순히 부르면서(반복적으로) 자신을 내려놓고 하나님의 임재 안으로 들어가는 기도이다. 소경 바디매오가 예수님의 이름을 부르며 그분의 자비를 구한 것처럼 주님의 이름을 부르는 기도이다. "다윗의 자손 예수여 나를 불쌍히 여기소서!"(막 10:47). "하나님의 아들 예수 그리스도시여 나에게 자비를 베푸소서!" 주님의 빛으로 우리 심령을 채우실 것을 기대하라. 이 빛이 우리 심령에 반사된다. 거울인 예수 그리스도 속에 하나님의 지혜와 능력이 밝게 비친다. 하나님의 아들이신 예수 그리스도의 자비와 사랑을 구할 때, 자신도 모르게 하나님의 임재 속으로 들어가 물밀듯이 내려오는 하나님의 사랑을 체험하게 된다. 병이 낫고 심령이 치유된다.

나사렛 예수시란 말을 듣고 소리질러 가로되 다윗의 자손 예수여 나를 불쌍히 여기소서 하거늘(막 10:47).

누구든지 주의 이름을 부르는 자는 구원을 얻으리라 하였느니라(행 2:21).

누구든지 여호와의 이름을 부르는 자는 구원을 얻으리니 이는 나 여호와의 말대로 시온산과 예루살렘에서 피할 자가 있을 것임이요 남은 자 중에 나 여호와의 부름을 받을 자가 있을 것임이니라(욜 2:32).

(5) 하나님의 보좌를 응시함

하나님의 보좌를 바라보며 영광의 보좌에 앉으신 사랑과 위엄의 하나님을 묵상할 때, 하나님의 임재 속으로 들어갈 수 있다. 하나님의 은혜로 충만한 이 보좌는 가장 위엄 있는 곳이다. 이곳은 창조된 질서의 기초이며, 모든 것의 중심지이다. 모든 것을 창조하신 이가 앉아 계시기 때문에 이곳은 모든 것의 목적이며, 모든 것이 그분의 기쁨을 위해 존재한다. 우리는 예배를 통해 하나님의 보좌 앞에 나아가서 그분과 개인적이고 친밀한 교제를 누려야 한다. 하나님의 보좌를 바라보며 하나님이 어떤 분이신가를 이해하며 하나님을 뜨겁게 사모함의 결과로 하나님의 임재 속으로 들어가게 된다.

그 생물들이 영광과 존귀와 감사를 보좌에 앉으사 세세토록 사시는 이에게 돌릴 때에 이십사 장로들이 보좌에 앉으신 이 앞에 엎드려 세세토록 사시는 이에게 경배하고 자기의 면류관을 보좌 앞에 던지며 가로되 우리 주 하나님이여 영광과 존귀와 능력을 받으시는 것이 합당하오니 주께서 만물을 지으신지라 만물이 주의 뜻대로 있었고 또 지으심을 받았나이다 하더라(계 4:9-11).

(6) 항상 주님을 묵상함으로 그분의 임재 안에 거하며, 그분과 친교를 누린다.

앉으나 서나, 청소를 하거나 길을 걸을 때도, 일터나 사업장, 어디서나 주님을 생각하며 그분과 동행함으로 주님 안에 거해야 한다.

믿음의 주요 또 온전케 하시는 이인 예수를 바라보자 저는 그 앞에 있는 즐거움을 위하여 십자가를 참으사 부끄러움을 개의치 아니하시더니 하나님 보좌

우편에 앉으셨느니라(히 12:2).

3. 하나님 임재의 결과

(1) 하나님의 임재 속에 자주 들어갈 때, 주님의 형상을 닮아 거룩해진다.

그 날에는 내가 아버지 안에 너희가 내 안에 내가 너희 안에 있는 것을 너희가 알리라(요 14:20).

우리가 다 수건을 벗은 얼굴로 거울을 보는 것같이 주의 영광을 보매 저와 같은 형상으로 화하여 영광으로 영광에 이르니 곧 주의 영으로 말미암음이니라(고후 3:18).

(2) 하나님의 임재 속에 자주 들어갈 때, 그분과 연합하여 많은 열매를 맺는다.

나는 포도나무요 너희는 가지니 저가 내 안에 내가 저 안에 있으면 이 사람은 과실을 많이 맺나니 나를 떠나서는 너희가 아무것도 할 수 없음이라(요 15:5).

(3) 하나님과의 친교가 이루어지면 그분의 친구가 되고 그분의 음성을 듣게 된다.

이제부터는 너희를 종이라 하지 아니하리니 종은 주인의 하는 것을 알지 못함이라 너희를 친구라 하였노니 내가 내 아버지께 들은 것을 다 너희에게 알게 하였음이니라(요 15:15).

높은 삶으로의 부르심

여호와의 친밀함이 경외하는 자에게 있음이여 그 언약을 저희에게 보이시리로
다(시 25:14).

**(4) 하나님의 임재 속에 자주 들어갈 때, 그분의 기름 부음을 받고 이것은 세상을
향한 능력이 된다.**

그러나 주께서 내 뿔을 들소의 뿔같이 높이셨으며 내게 신선한 기름으로 부으
셨나이다(시 92:10).

오직 성령이 너희에게 임하시면 너희가 권능을 받고 예루살렘과 온 유대와 사
마리아와 땅 끝까지 이르러 내 증인이 되리라 하시니라(행 1:8).

하나님이 나사렛 예수에게 성령과 능력을 기름붓듯 하셨으매 저가 두루 다니
시며 착한 일을 행하시고 마귀에게 눌린 모든 자를 고치셨으니 이는 하나님이
함께 하셨음이라(행 10:38).

주님을 기뻐하기

주님밖에는 나에게 소망이 없다. 주님밖에는 나에게 기쁨이 없
다. 모든 것은 일시적이다. 그러나 주님은 영원하시다! 어제도 오늘
도 주님 이름만 부르면, 주님만 생각하면 가슴, 등, 무릎이 뜨거워진
다. 무겁다. 몸에 하나님의 불이 타오르기 시작한다. 몸 전체가 영광
에 휩싸인다. 오늘날 많은 성도가 주님을 기쁘게 하기 원한다. 주님

을 기쁘게 하기 위해서는 내가 주님의 기쁨을 먼저 누려야 한다. 내가 주님으로만 즐거움과 기쁨을 누리고 만족할 때, 주님께 기쁨을 드릴 수 있다. 주님을 기뻐하지 못하면, 주님으로 내가 누리는 기쁨을 발견하기까지는 그분을 기쁘게 할 수 없다. 주님을 따르는 자에게 닥치는 시험과 연단은 주님밖에 소망이 없음을 알게 하기 위함이요, 주님이 환난 날의 피난처이고 주님만이 우리 영혼의 참된 기쁨이 됨을 발견하게 하심이다. 다윗은 고난과 시련 중에 이 기쁨을 발견하였다.

주께서 생명의 길로 내게 보이시리니 주의 앞에는 기쁨이 충만하고 주의 우편에는 영원한 즐거움이 있나이다(시 16:11).

그래서 그는 하나님을 기쁘시게 하고 그분의 뜻을 다 이룰 수 있었다. 그에게는 왕위와 명예와 부귀보다 주님의 얼굴과 그 영광의 기쁨이 더 귀했던 것이다. 이사야서 35장은 그 기쁨과 즐거움을 말하고 있다.

광야와 메마른 땅이 기뻐하며 사막이 백합화같이 피어 즐거워하며 무성하게 피어 기쁜 노래로 즐거워하며 레바논의 영광과 갈멜과 샤론의 아름다움을 얻을 것이라 그것들이 여호와의 영광 곧 우리 하나님의 아름다움을 보리로다 … 그 때에 저는 자는 사슴같이 뛸 것이며 벙어리의 혀는 노래하리니 이는 광야에서 물이 솟겠고 사막에서 시내가 흐를 것임이라 … 여호와의 속량함을 얻은 자들이 돌아오되 노래하며 시온에 이르러 그 머리 위에 영영한 희락을 띠고 기쁨과 즐거움을 얻으리니 슬픔과 탄식이 달아나리로다(사 35:1-2, 6, 10).

주님의 기쁨이 내게 임해야 한다. 다시 한번 강조한다. 내가 먼저 주님을 기뻐해야 주님을 기쁘게 할 수 있다. 부모의 사랑을 받아 보아야 부모를 사랑할 수 있다. 사랑받지 못한 사람은 사랑하기 힘들다. 마찬가지다. 주님의 기쁨을 알아야 주님을 기쁘게 할 수 있다. 성령 충만할 때 희락이 온다. 하나님 나라가 이루어지고 성령의 열매가 맺힌다. 성령의 열매 중 하나가 희락이다. 하나님의 기쁨을 구하는 자는 여호와를 찾는 족속이요, 하나님의 얼굴을 구하는 자이다.

이는 여호와를 찾는 족속이요 야곱의 하나님의 얼굴을 구하는 자로다(시 24:6).

여호와와 그 능력을 구할지어다 그 얼굴을 항상 구할지어다(시 105:4).

세상 즐거움 다 버리고 세상 자랑 다 버려야 한다. 세상 즐거움을 억지로 버리는 것이 아니라, 세상에 대한 흥미를 잃어버리는 것이다. 그것은 그리스도를 아는 것이 가장 고상한 지식임을 알았기 때문이다. 밭에 감추인 보화를 발견했기 때문이다. 주님을 기뻐하는 것이 먼저다. 그래야 진정으로 주님을 기쁘게 할 수 있다.

내가 여호와로 인하여 크게 기뻐하며 내 영혼이 나의 하나님으로 인하여 즐거워하리니 이는 그가 구원의 옷으로 내게 입히시며 의의 겉옷으로 내게 더하심이 신랑이 사모를 쓰며 신부가 자기 보물로 단장함 같게 하셨음이라(사 61:10).

참새가 터득한 친밀감

하나님이 우리에게 주신 것은 두려워하는 마음이 아니요 오직 능력과 사랑과
근신하는 마음이니(딤후 1:7).

하나님은 두려운 분이 아니다. 단지 우리가 그분께 가까이 나아가
기를 주저하고 어려워할 뿐이다. 2016년 7월 5일부터 15일까지 2주
간의 3차 킹덤 빌더즈 집회와 훈련을 마친 다음날 아침에는 비가 내
렸다. 숙소를 나와 택시를 타고 인천공항 가는 리무진 버스가 출발
하는 잠실 롯데 호텔로 갔다. 장마철이라 비가 많이 내릴 것 같았는데
도착한 날부터 걷히기 시작하여 2주간 내내 날이 정말 좋았다. 그런데
이날은 주룩주룩 많은 비가 내렸다. 표를 사고 기다리는데 참새 한 마
리가 탑승을 돕는 아저씨 발 앞에 앉아 짧은 두 다리로 아저씨를 총총
따라다니는 것이다. 신기해서 물어보니 참새가 찾아온 지 벌써 1년째
라는 것이다. 아저씨가 가방에서 쌀 반 줌을 꺼내 바닥에 뿌려 놓자,
10여 마리의 참새들이 날아와 주변에서 짹짹거렸다. 아저씨를 따라다
니는 참새는 아무 두려움 없이 쌀을 연신 주워 먹었지만, 다른 참새들
은 아저씨가 멀리 떨어져 있는데도 좀처럼 가까이 오지 않았다.

먼저 온 참새가 날아가자, "제 새끼 먹이 주러 갔다"고 아저씨가
말해 주었다. 그제야 한 마리씩 조심스럽게 경계하며 다가왔고 아저
씨가 일부러 멀찌감치 물러서자 여러 마리가 달려들어 모이를 먹었
다. 모이를 먹으면서 얼마나 두려워하는지……. 많은 참새 중에 오
직 그 참새만 두려움을 무릅쓰고 가까이 왔을 때 아저씨가 해치지 않

고 오히려 좋아한다는 것을 알게 된 것이다. 아저씨도 그런 참새를 위해 매일 모이를 가져왔고, 참새는 그 보답인양 아저씨 어깨에 앉아 친밀함을 표현하였다.

하나님은 우리를 해치지 않는다. 오히려 우리를 친구 삼기 원하신다. 우리는 주저함과 두려움을 극복하고 그분께 가까이 나아가는 친밀함을 개발해야 한다. 하나님은 우리의 창조자시요, 우리 영혼의 아버지시다. 하나님께서 에덴동산에 아담을 창조하시고 서늘할 때 내려오셔서 그와 대화하고 친구하기 원하셨다. 그런데 원수 마귀가 하나님과 우리 사이를 갈라놓았다. 아담과 하와가 뱀의 유혹에 넘어가 하나님의 말씀에 불순종함으로 하나님을 두려워하여 숨은 것이다.

> 그들이 날이 서늘할 때에 동산에 거니시는 여호와 하나님의 음성을 듣고 아담과 그 아내가 여호와 하나님의 낯을 피하여 동산 나무 사이에 숨은지라 여호와 하나님이 아담을 부르시며 그에게 이르시되 네가 어디 있느냐 가로되 내가 동산에서 하나님의 소리를 듣고 내가 벗었으므로 두려워하여 숨었나이다(창 3:8-10).

그러나 예수 그리스도께서 우리의 영원한 대제사장이 되셔서 그분의 육체를 찢어 하나님과 원수 된 우리를 화목하게 하시고, 그분의 보좌 앞으로 담대히 나아가게 하는 새롭고 산 길을 여셨다.

> 그러므로 형제들아 우리가 예수의 피를 힘입어 성소에 들어갈 담력을 얻었나니 그 길은 우리를 위하여 휘장 가운데로 열어 놓으신 새롭고 산 길이요 휘장은 곧 저의 육체니라(히 10:19-20).

그러므로 우리가 긍휼하심을 받고 때를 따라 돕는 은혜를 얻기 위하여 은혜의 보좌 앞에 담대히 나아갈 것이니라(히 4:16).

거듭난 우리에게는 에덴동산이 다시 주어졌다. 하나님과의 친밀함의 길이 다시 열린 것이다. 하나님과의 친밀함을 개발하기 위해 그분의 다가오심을 거부하면 안 된다. 우리는 많은 참새 가운데 아저씨와의 친밀함을 터득한 참새처럼 하나님께 나아가는 친밀함을 개발해야 한다. 아저씨의 벗이 된 참새는 아저씨를 두려워하지 않을 뿐만 아니라, 심지어 자신을 좋아한다는 사실을 알고 친밀함을 즐겼다. 우리가 하나님께 나아가기를 주저하는 것은 범죄한 아담 같이 죄로 인한 부끄러움과 두려움 때문이다. 이제라도 죄를 회개하고 하나님께 가까이 나아가는 것이 진정한 자유요, 기쁨이다. 죄를 떠나는 만큼 두려움과 억압에서 자유를 누리게 된다. 진리가 우리를 자유롭게 하기 때문이다. 하나님은 그분과의 친밀함으로, 그분의 벗으로 지금 우리를 초청하신다. 그 참새가 개발한 친밀함을 통해 다른 참새들을 먹일 수 있었던 것처럼, 하나님과의 친밀함을 통해 얻는 생명의 풍성함으로 많은 사람을 먹일 수 있게 하기 위해서이다.

내가 온 것은 양으로 생명을 얻게 하고 더 풍성히 얻게 하려는 것이라(요 10:10).

이에 경에 이른바 아브라함이 하나님을 믿으니 이것을 의로 여기셨다는 말씀이 응하였고 그는 하나님의 벗이라 칭함을 받았나니(약 2:23).

여호와의 친밀함이 경외하는 자에게 있음이여 그 언약을 저희에게 보이시리로다(시 25:14).

하나님 가까이하기

거룩함이 아니고는 하나님께 나아갈 수 없다. 감사함으로 하나님께로 나아가라. 믿음이 없이는 하나님께 나아갈 수 없다. 우리는 하나님을 사랑함으로 하나님께 가까이 나아갈 수 있다. 사랑하는 자는 가장 가까이 있을 수 있는 특권이 있다. 제자 중 예수님의 가슴에 기대었던 요한이 예수님의 사랑을 가장 많이 받은 자요, 주님이 가장 사랑하시는 제자였다. 요한복음 21장 7-20절에 "예수의 사랑하시는 그 제자"라고 하였다. 잠언 8장 17절에는 "나를 사랑하는 자들이 나의 사랑을 입으며 나를 간절히 찾는 자가 나를 만날 것이니라"고 하였다. 예수님께서 공생애를 시작하시기 전에 요단강에서 세례 요한에게 세례를 받으시고 올라오자, 하늘로부터 소리가 나서 가로되 "이는 내 사랑하는 아들이요 내 기뻐하는 자라" 하였다. 마태복음 17장의 변화산에서 "이는 내 사랑하는 아들이니 너희는 저의 말을 들으라"는 음성이 있었다.

예수님은 하나님께서 가장 사랑하시는 분이다. 그래서 그분의 자리는 하나님의 우편인 것이다. 하나님께 가장 가까이 있는 자는 하나님이 가장 사랑하는 자이다. 세상에서도 사랑하는 자를 가까이 둔다. 미워하는 자를, 원수를 옆에 두지 않는다. 하나님께 가까이 나아가기 위해서 우리는 하나님을 사랑하는 자가 되어야 한다. 하나님을 사랑하고 그분을 찾는 자를 하나님께서 가까이하실 것이다. 하나님을 사랑한다면서 세상을 사랑하는 자를 가까이 두시지 않을 것이다. 하나님은 그분을 향한 우리의 사랑이 양분되거나 부분적이기를 원치 않으신다.

하나님만을 향한 온전한 사랑, 그분만을 사랑하는 자를 가까이하시고 은혜를 주신다. 잠언 8장 21절은 그분을 찾고 가까이하고 사랑하는 자에게 물질로 축복하실 것을 말한다. "이는 나를 사랑하는 자로 재물을 얻어서 그 곳간에 채우게 하려함이니라." 우리는 에스더에게 왕의 사랑을 받는 모습을 배울 수 있다. 6개월은 몰약으로, 6개월은 각종 향품으로 자신을 가꾸고 왕에게 예쁘게 보이기 위해 단장하였다. 그랬을 때 하룻밤에 왕의 총애를 입어 나라를 구원하였다. "네 소원이 무엇이냐 나라의 절반이라도 주리라." 이 마지막 때에도 하나님을 사랑하는 자들이 하나님의 사랑을 입을 것이며, 모든 약속된 축복을 선물로 받을 것이다.

다윗은 누구보다도 하나님을 사랑하고 그분께 가까이 나아가기를 소원하였다. 원수들이 해하려던 시련의 순간에도 하나님께 가까이 가기를 원했다. 주님의 날개 아래 피하기 원했다. 어려움 때문에 낙심하여 하나님을 원망하고 멀리 피하기보다 오히려 그 환난으로 주님께 가까이 나아갔던 것이다.

저가 너를 그 깃으로 덮으시리니 네가 그 날개 아래 피하리로다 그의 진실함은 방패와 손 방패가 되나니(시 91:4).

하늘에서는 주 외에 누가 내게 있으리요 땅에서는 주 밖에 나의 사모할 자 없

높은 삶으로의 부르심

나이다 내 육체와 마음은 쇠잔하나 하나님은 내 마음의 반석이시오 영원한 분 깃이시라 … 하나님께 가까이 함이 내게 복이라 내가 주 여호와를 나의 피난처로 삼아 주의 모든 행사를 전파하리이다(시 73:25-26, 28).

이런 고백은 주님을 사랑하는 자들만 할 수 있다. 시편 63편 8절에 "나의 영혼이 주를 가까이 따르니 주의 오른손이 나를 붙드시거니와"라고 하였으며, 시편 18편 2절에 "여호와는 나의 반석이시요 나의 요새시요 나를 건지시는 자시요 나의 하나님이시요 나의 피할 바위시요 나의 방패시요 나의 구원의 뿔이시요 나의 산성이시로다"라고 하였다. 주님의 품으로 파고드는 자들이 주님의 사랑을 받는다. 하나님께서는 그들을 가까이 두시고, 그분의 영원한 즐거움과 기쁨을 주기 원하신다. 그래서 다윗은 어려울 때마다 이런 고백을 하였고, 모든 축복을 받았을 때도 주님의 전에서 주님께 가까이 있는 것을 가장 큰 축복으로 여겼다. 신약에서 항상 예수님 가까이 있기를 원했던 이가 있었다. 바로 나사로의 여동생 마리아이다. 마르다는 분주히 손님 맞을 준비를 할 때, 그는 예수님 곁에서 말씀을 듣고 있었다. 예수님을 사랑하고 그분 사랑의 기쁨을 깊이 맛본 자만이 예수님의 십자가 곁으로 갈 수 있다.

입으로는 사랑한다고, 죽는 데까지 따라 가겠다고 하던 제자들은 모두 도망가고, 예수님의 어머니 마리아, 막달라 마리아, 다른 마리아와 몇몇 여인과 예수님의 사랑을 받은 요한만 예수님의 십자가 가까이 있었다. 예수님이 환영받을 때는 너도 나도 예수님 가까이 있으려고 하였다. 예수님을 참으로 사랑하는 자들은 그분의 고난의 현장에 가까이 있는 자들이다. 그러므로 참된 사랑은 말이 아니라, 희생하고 죽음을 두려워하지 않는 행동이다.

모든 은사보다 귀한 것이 사랑이다. 사랑은 오래 참고 사랑은 온유하며 자기의 유익을 구하지 아니한다. 무엇보다 하나님과의 친밀한 교제가 요구되는 시기이다. 마지막 때의 역사는 오직 주님을 가까이하고 사랑하는 자들을 통해 계시되고 나타날 것이다. "나를 사랑하는 자들이 나의 사랑을 입으며"(잠 8:17)라고 하였다. 이는 구약에서 신약과 같은 말씀이다. 바로 지금 나를 위해 죽으신 예수님의 십자가 그 사랑, 그 주님께 가까이 나아가자.

주님의 발 곁에서

인도의 기독교 성자 선다 싱은 열다섯 살에 죽기로 작정하고 신의 존재를 찾다가 예수님을 만나 회심한 후, 핍박과 고난을 받으며 평생 인도와 네팔, 유럽의 여러 나라에 복음을 증거하였다. 특별히 거대한 산맥에 둘러싸인 높은 고원에 있는 티베트를 10여 차례 전도 여행을 하면서 여러 번 죽음 직전에 이르렀지만, 그때마다 초자연적인 하나님의 은혜로 살아났다. 후에 인도 교회의 인정을 받고 곳곳에 초청되어 집회를 인도하며 영적 각성 운동을 일으켰으며, 인도 기독교 연합교단을 세우는 중추적인 역할을 하였다. 주변의 만류에도 불구하고 나선 마지막 티베트 전도 여행에서 그는 영영 돌아오지 못하였고, 그의 생사는 확인되지 않았다. 그는 말할 수 없는 고난 중에 주님과의 만남과 천국의 영광을 체험하였다. 또한 육체적 고통과 때때로 찾아오는 믿음의 시련 속에서 갖게 되는 의문과 마음의 소원을 주님께 아뢸 때마다 응답받았다고 그의 책 《주님의 발 곁에서*At the Feet of Jesus*》에서 고백하였다.

주님은 우리 마음의 소원과 기도에 응답하신다. 선다 싱은 세상의 즐거움이나 쾌락보다 주님과의 교제와 입신을 통해 본 천국의 영광을 귀하게 여겨 평생 결혼도 하지 않고 전도자의 삶을 살았다. 그로 인해 그는 보통 그리스도인들이 체험하지 못하는 신비한 영적 세계의 비밀을 알았고, 주님으로부터 항상 듣는, 주님 발 곁에 엎드린 삶을 살 수 있었다. 한번은 전도하다가 감옥에 갇혀 오물과 온갖 벌레와 견딜 수 없는 고통 속에서도 바울처럼 감옥이 떠나가도록 찬양했을 때 하늘의 기쁨이 몰려와 기뻐하자, 간수가 신기하기도 하고 무섭기도 해서 그를 풀어준 일화도 있다.

나도 수년간 주님을 묵상하며 추구하였다. 어느 이른 새벽, 소파에 기대어 묵상하며 주님의 이름을 경배하다가 자세를 바꾸어 앞으로 엎드렸다. 그때 환상 중에 하나님의 발등에 내 머리를 댄 것을 보면서 "땅은 하나님의 발등상"(사 66:1)이라는 성경 말씀이 생각났다. 그렇다. 내가 어떤 자세를 취하든 내 머리 앞은 주님의 발등상이다. 이 생각이 들자 얼굴에서부터 뜨거움이 밀려와서 불에 삼켜지고 녹아내리는 것 같은 뜨거움을 느꼈다. 하나님과 하나님의 보좌는 불이기 때문이다. 그곳은 하나님 영광의 처소요, 안식의 장소이다.

그에게 마리아라 하는 동생이 있어 주의 발아래 앉아 그의 말씀을 듣더니 (눅 10:39).

주께서 가라사대 하늘은 나의 보좌요 땅은 나의 발등상이니 너희가 나를 위하여 무슨 집을 짓겠으며 나의 안식할 처소가 어디뇨(행 7:49).

그 새벽에 주님의 발에 머리를 대는 경험을 하면서 선다 싱처럼 주님께 물으면, 응답해 주시기를 소원하였다. 수년이 지난 지금, 그 응답을 체험하고 있다. 주님이 들려주신 음성이다.

"내가 너를 가르칠 것이며, 너는 나에게서 배울 것이며, 네가 물으면 내가 응답할 것이다!"

높은 삶으로의 부르심

2장

기다림과
안식

우리는 바쁘지만 하나님은 바쁘지 않으시다

하나님은 바쁘지 않으시다. 그분은 시간을 소유하셨다. 그리고 때가 되면 사용하신다. 반드시 그때를 위해 준비되어야 한다. 사람은 기회를 만들지 못한다. 하나님께서 기회를 만드신다. 주님을 따르는 길에 우리가 아무것도 하지 않아야 할 장소가 있다. 잔느 귀용은 "아무것도 하려고 하지 마라. 그가 죽음으로 이끄시면 죽어라"라고 하였다. 현대인들은 아무것도 하지 않으면 불안하다. 우리의 본성은 "내가 무엇을 해야 한다"고 외친다. 그러나 하나님은 "이르시기를 너희는 가만히 있어 내가 하나님 됨을 알지어다 내가 열방과 세계 중에서 높임을 받으리라"(시 46:10)고 하신다. 하나님께서 우리 스스로는 아무것도 할 수 없는 상황으로 이끄시고, 모든 것을 내려놓기 원하시는 것을 알게 되는 때가 있다. 많은 그리스도의 사역자들이 잘 계획하고 앞으로 될 일, 이룰 일을 알고 싶어 한다. 그러나 하나님께서 크고 깊은 사역을 위해 준비시키는 사람들은 앞으로 어떻게 될지 모르

높은 삶으로의 부르심

는 상황에서 잠잠히 하나님만을 신뢰하기 원하신다.

하나님께서 하시는 일을 알려 주지 않으면 때로 힘이 든다. 하나님께서 잠잠히 기다리게 하시는가? 잠잠히 그분이 하나님이심을 신뢰하고 기다리면 닫힌 문이 열리고, 그분이 일어나시면 문제가 종식되고 하나님 되심을 알도록 나타내실 것이다.

하나님은 일어나사 원수를 흩으시며 주를 미워하는 자로 주의 앞에서 도망하게 하소서(시 68:1).

그럴 때 로마서 8장 28절이 진리임을 체험하게 될 것이다.

우리가 알거니와 하나님을 사랑하는 자 곧 그 뜻대로 부르심을 입은 자들에게는 모든 것이 합력하여 선을 이루느니라.

하나님의 안식이 없는 자들은 쉬지 못한다. 날마다 바쁘다고 말한다. 찰스 디킨스의 《크리스마스 캐롤》에 나오는 스크루지처럼 많은 열쇠를 허리에 차고 연신 휴대폰 벨이 울리며 갈피를 못 잡고 분주하다. 그들은 안식에 들지 못한다. 앞에 놓인 많은 길에서 불안하다. 오늘날 하나님께서는 우리를 우리의 모든 계획에서 멈추고, 인간적인 노력과 우리 안에 있는 하나님의 능력을 방해하는 독단주의를 멈추는 안식의 장소로 데리고 들어가기를 원하신다. 하나님의 일을 하려고 하지 말고 하나님께서 나를 사용하실 수 있도록 나를 비워 드리라. 내 의지, 내 생각, 내 계획, 내 노력으로 50년 일하는 것보다 하나님이 나를 붙드시고 1년 일하는 것이 더 많은 열매를 맺는다. 신앙 여정 속에서, 사역 현장 속에서 하나님께서 우리로 하여금 기다리게 하는 시간과 장소가 있다. 이 장소에서 지난날의 모든 경험은 아무 소용이 없다. 하나님께서 우리를 이런 장소로 잠깐 인도하셨다는 것을 알지 못하면 이 시간은 고통스러울 수 있다. 이 시기는 하나님께서 우리 주위에 벽을 둘러놓으신 것처럼 움직이지 못하게 하는 때와 장소이다. 이럴 때 하나님께서 우리 안에 새로운 일을 행하신다. 외적 성품을 죽이시고 내적 성품을 세우신다.

자기 일을 쉬는 것이 안식이다. 당신의 일을 멈추어라. 대부분의 사람에게 안식이 없다. 성령께서 당신에게 역사하기 시작하시는 장소가 어디인가? 당신의 일이 당신에 의해서가 아니며, 당신이 당신에게 소유되지 않고 하나님에게 전적으로 소유된 것을 아는 순간, 그 장소가 어디인지를 아는 사람은 복이 있다. 힘쓰고 애써 주님을 기쁘게 하는 것보다 주님의 마음에 드는 것이 더 귀하다. 내가 주의 일을 하는 것이 아니라, 이제 주님이 그분의 뜻을 다 이루게 하실 것이기 때문이다.

이미 그의 안식에 들어간 자는 하나님이 자기 일을 쉬심과 같이 자기 일을 쉬느니라(히 4:10).

내가 이새의 아들 다윗을 만나니 내 마음에 합한 사람이라 내 뜻을 다 이루게 하리라 하시더니(행 13:22).

높은 삶으로의 부르심

기다림 : 영적 영역으로 들어가는 안식

영적 영역으로 들어가서 하나님과의 친밀한 관계를 맺기 위해 가장 먼저 통과해야 할 관문은 기다림이다. 출애굽기 24장 15-18절에 모세가 산에 올랐을 때 여호와의 영광이 시내산에 머무르고 구름이 6일 동안 산을 가리더니 7일째 되는 날에 여호와께서 구름 가운데서 모세를 부르셨다고 기록한다. 인간이 안식의 영역, 하나님의 거룩함의 영역으로 들어가는데 만 6일이 지나야 했던 것이다. 6은 인간의 숫자이다. 제6일에 인간이 창조되고 창조의 역사가 완성되었다. 6일을 기다렸다는 것은 인간의 노력이 끝남을 의미한다. 제7일은 하나님께 속한 날이요, 안식의 날이다. 인간 영역의 모든 흔적 생각, 의지, 이성, 행동이 멈춰질 때, 비로소 하나님 안식의 영역, 초자연적인 하늘의 영역으로 들어갈 수 있다.

하나님은 모든 정결치 못한 것을 태우고 삼키는 분이시다(시 21:9). 맹렬한 불 가운데 계신 하나님의 거룩한 임재 가운데로 들어가려면, 거룩하게 하는 정결 기간이 필요하다. 아론과 그 아들들의 제사장 위임식을 위해 7일 동안 정결의식이 거행되었다. 이스라엘 백성이 여리고성을 점령할 때도 6일 동안 하루에 한 번씩 성을 돌되 아무 말도 하지 않아야 했다. 6일 동안 성을 돌면서 인간의 생각, 소리, 불평이 잠재워졌을 때, 마침내 7일째 되는 날, 성을 일곱 번 돌고 나팔을 불고 일제히 소리치자 성벽이 무너져 내렸다. 이 기다림은 하나님의 명령이었다.

이와 같이 개인과 이 시대를 향한 하나님의 계획은 인간의 이성과 생각의 한계를 벗어난 곳에서 드러난다. 하나님을 만나고 그분과의 친교 안으로 들어가고 그분의 음성을 듣기 위해서는, 이 같은 기다림과 안식의 영역 안으로 먼저 들어가는 과정이 필수적이다. 한 사람의 영적 상태는 그 사람 안에 존재하는 평화와 고요함에 의해 검증된다. 하나님께서는 인간이 어디에 있든지 그분의 마음을 아는 거룩한 영역으로 들어가기 위해 인간의 혼적 영역을 넘어서기까지 하나님을 기다리는 자를 만나 주시고 자신을 계시하신다. 이 기간에는 심지어 기도도 멈춰진다. 기도까지도 자신의 어떤 바람이나 안타까움의 발로일 수 있기 때문이다. 그렇기 때문에 잠잠히 하나님만을 바라보는 이 기다림은 영적 영역 안으로 들어가는 참된 안식이다. 주님은 나에게 1년을 그렇게 하도록 하신 적이 있다. 그때 들은 주님의 내적 음성은 "초조하지 말고 신뢰심을 가져라"는 말씀이었다.

여호와 앞에 잠잠하고 참아 기다리라(시 37:7).

나의 영혼이 잠잠히 하나님만 바람이여 나의 구원이 그에게서 나는도다(시 62:1).

이르시기를 너희는 가만히 있어 내가 하나님 됨을 알지어다 내가 열방과 세계 중에서 높임을 받으리라 하시도다(시 46:10).

바라고 기다리기

하나님이 우리에게 약속하신 축복의 장소가 있다. 그곳의 문이 열

높은 삶으로의 부르심

릴 때가 있다. 이를 위해 우리에게 요구되는 것은 하나님의 약속을 변함없이 바라고 낙심하지 않고 기다리는 것이다.

너는 여호와를 바랄지어다 강하고 담대하여 여호와를 바랄지어다(시 27:14).

이 묵시는 결코 거짓되지 아니하리라 비록 더딜지라도 기다리라 지체되지 않고 정녕 응하리라(합 2:3).

바라고 기다리는 자들이 알아야 할 사실은 우리가 하나님을 기다리는 것이 아니라, 하나님이 우리를 기다리신다는 것이다. 하나님은 언제나 준비되어 있으시다. 그분은 우리가 준비되기를 기다리신다. 우리가 믿음과 성령으로 충만하고 정결하고 거룩하게 그분의 성품으로 준비되기를 기다리시는 것이다. 바라고 기다리는 중에 오는 의심을 배제하고 약속의 축복에 대한 소망을 품고 하나님을 믿고 잠잠히 신뢰하며 기다려야 한다. 의심은 믿고 바라는 대상에 대한 실망과 회의가 올 때 생긴다. 의심은 약속이 더디 옴으로 확증받고 싶은 마음에서 오는 투정이다. 그런 순간에도 하나님은 좋으시고 그 약속에 신실하심을 믿어야 한다. 하나님을 바라고 기다리다가 오히려 믿음이 퇴보되고 낙심에 빠져들지 않도록 지속적으로 기도하고 하나님을 신뢰해야 한다.

한번은 기약 없이 기다리는 중에 "사다리를 꾸준하게 잘 올라가고 있다"는 환상으로 격려해 주셨다. 또 아내가 본 환상에서는 내가 하늘에서 내려온 금 밧줄을 두 손으로 꼭 붙들고 있었다. 하나님의 약속을 받았는가? 그러면 하나님을 바라고 기다리자. 약속의 사다리를 꾸준히 잘 타고 오르자. 하늘에 닿은 축복의 금 밧줄을 절대로 놓지 말자. 이제 곧 약속의 축복의 장소에 오를 것이다. 그때는 하나님이 정하신 완전한 나의 때가 될 것이다. 다음은 바라고 기다리는 자들에 게 영적 유익과 격려가 될 영어 격언이다.

"God's word will always be fulfilled and will not return him void."
(하나님의 말씀은 항상 성취되고 허사로 돌아오지 않는다.)

"God is always in time. He is never late and he is seldom early."
(하나님은 항상 정시에 오신다. 그분은 결코 늦지 않으시고 가끔은 빨리 오신다.)

"Ask God for the wisdom to discern His will and His timing for the events in your life."
(당신의 삶의 사건들에 대해서 하나님의 뜻과 때를 분별하는 지혜를 달라고 하나 님께 구하라.)

"Write your pencil and give God the eraser."
(연필로 기록하고 지우개를 하나님께 드려라.)

"When your memories are bigger than your dreams, you are

headed for the grave."
(당신의 과거 기억이 미래의 꿈보다 크다면, 당신은 무덤을 향해 가고 있는 것이다.)

"Make your dreams big enough for God to fit in."
(하나님이 당신의 꿈 안에 들어오실 수 있도록 크게 만들어라.)

"Dreams come true only when we tap into God's power."
(우리가 하나님의 능력 안으로 들어갈 때, 꿈은 이루어질 것이다.)

"Anyone can count the seeds in apple but only God can count the apples in one seed."
(누구나 사과 안에 있는 씨는 셀 수 있다. 그러나 하나님만이 하나의 씨 안에 있는 사과들을 셀 수 있다.)

"Great people are just ordinary people with an extraordinary amount of determination."
(하나님의 백성은 특출한 결심을 가진 보통의 사람들이다.)

지금까지 하나님을 바라고 기다렸다면, 오늘도 내일도 여전히 하나님을 바라고 기다리자! 그것만이 시대적인 약속을 기다리는 우리의 전부이다! 내 계획과 힘으로는 오히려 하나님의 일을 망칠 수가 있다.

그러나 여호와께서 기다리시나니 이는 너희에게 은혜를 베풀려 하심이요 일어나시리니 이는 너희를 긍휼히 여기려 하심이라 대저 여호와는 공의의 하나님이심이라 무릇 그를 기다리는 자는 복이 있도다(사 30:18).

하나님을 바라며 기다림

하늘에 계신 주여 내가 눈을 들어 주께 향하나이다 종의 눈이 그 상전의 손을, 여종의 눈이 그 주모의 손을 바람 같이 우리 눈이 여호와 우리 하나님을 바라며 우리를 긍휼히 여기시기를 기다리나이다(시 123:1-2).

대부분의 사람들이 기다리는 일에 실패한다. 우리는 하나님의 시간을 기다리는 비밀을 배워야 한다. 하나님을 서두르게 하는 것은 그분을 책망하는 것과 같다. 하나님은 결코 늦는 법이 없지만, 우리가 기대하는 순간에 오시지는 않는다. 당신은 하나님께서 뭔가를 해야 한다고 생각하는 바로 그때에 그분이 하지 않은 것으로 하나님께 화를 낸 적이 있는가? 종이 주인을 보챌 수는 없다. 주인이 명령을 내릴 때까지, 주인이 행차할 때까지 기다려야 한다.

우리는 "기다리느니 차라리 무슨 일이라도 할 것이다"라고 하며 종종 기다리는 일에 실패한다. 당신은 어느 교인이 "무엇을 하는 것이 옳지 않아도 무슨 일이라도 합시다"라고 말하는 것을 들은 적이 있는가? 이것이 혼동에 빠지는 가장 확실한 방법이다. 주인이 전할 말을 하지 않았는데 심부름을 위해 달려가는 것과 같다. 우리가 배워야 하는 교훈 중 하나는 주님의 부르심과 신호를 어떻게 기다리는가이다.

하나님은 때때로 우리에게 '의존'이라는 말을 가르치기 위해 우리가 감당할 수 없는 역경 가운데 두기도 하신다. 그럴 때 마음속에서 '나는 정말로 예수님의 도움이 필요해요'라는 진심이 나오는 것이다. 하나님께서 멈추시면 나도 멈추어야 한다. 그분이 아무 말씀도 하지 않으시면 나도 잠잠해야 한다. 하나님께서 처리하시는 대부분의 일은 그분을 의존하게 하려는 의도가 있음을 아는 자가 성숙한 사람이다.

우리는 하나님의 때를 기다려야 한다. 하나님은 결코 늦지 않으신다. 하지만 우리가 원하는 시간에는 좀처럼 오시지 않는다. 여기에는 분명한 이유가 있다. 하나님은 우리가 기다리는 동안에 우리 안에서 어떤 일들을 행하시기 때문이다. 하나님께서 우리에게 기다리는 시간을 먼저 주시기 전에, 그분이 주기 원하시는 것을 좀처럼 받을 수 없음을 알아야 한다. 기다리는 동안에 우리 영혼의 불안한 요소들이 가라앉는다. 그리고 기다리는 태도가 우리 믿음의 상태를 나타내 준다.

너희는 가만히 있어 내가 하나님 됨을 알지어다(시 46:10).

여호와 앞에 잠잠하고 참아 기다리라 자기 길이 형통하며 악한 꾀를 이루는 자를 인하여 불평하여 말지어다(시 37:7).

성령받은 사람은 앉아서 조용히 자신의 인간적인 생각을 가라앉히면 하나님의 음성을 들을 수 있다. 계속해서 움직이면 우리는 하나님의 음성을 잘 들을 수 없다. 그래서 하나님께서는 인간의 생각 활동이 멈추는 밤중과 잠이 깬 새벽에 말씀하시는 경우가 많다. 내 생각이 가라앉은 가장 고요할 시간이기 때문이다. 기다림을 배우는 지혜는 불안함과 혼동을 몰아내며, 하나님의 거룩하심과 위엄에 대한 우리의 의식을 회복시켜 준다.

오직 여호와는 그 성전에 계시니 온 천하는 그 앞에서 잠잠할지니라(합 2:20).

내 영혼아 네가 어찌하여 낙망하며 어찌하여 내 속에서 불안하여 하는고 너는 하나님을 바라라 그 얼굴의 도우심을 인하여 내가 오히려 찬송하리로다(시 42:5).

우리는 잠잠히 하나님을 바라고 기다릴 때 하나님께서 참 하나님이심을 깨닫게 된다. 그리고 하나님에 대한 경외함을 배우고 그분이 주시는 참된 안식과 평화의 의미를 경험하게 된다.

하나님께서 나를 통해 일하시게 하려면 반드시 그분을 기다려야 한다

F. B. 마이어는 "하나님을 위해 일하는 것과 하나님께서 그들을 통해 일하시도록 하는 것의 차이점을 알지 못하는 사람들이 많다. 이것이 많은 목사와 그리스도의 사역자들이 실패하는 이유이다"라고 말했다. 미국 풀러신학대학원에서 박사학위를 할 즈음인 15년 전만 해도 리더십 과목에서 기독교 지도자들의 1/3만이 'Finishing well'(끝을 잘 마무리하다)한다는 통계를 보았다. 그런데 지금은 1/4 정도이다. 네 사람 중 한 사람만 끝이 좋고 세 명은 아무리 성공하고 훌

높은 삶으로의 부르심

룽한 사역을 했어도 그 끝이 좋지 않다는 것이다.

하나님의 일은 말 그대로 하나님의 일이지 사람의 일이 아니다. 그러므로 내가 하는 것이 아닌, 하나님이 나를 통해 일하게 하시려면, 반드시 준비가 먼저 되어야 한다. 그분이 나를 사용하기 위해 내가 그분에 의해 빚어지는 시간은 필수이다. 그 시간은 가만히 주님 앞에 앉아 있는 것이다.

> 너희는 가만히 있어 내가 하나님 됨을 알지어다 내가 열방과 세계 중에서 높임을 받으리라(시 46:10).

하나님의 일을 하고자 하는 수많은 사람이 이 기다림 없이 하다가 하나님의 일을 망친다. 그리고 하나님의 일을 훌륭히 하고 있는 사람들도, 다 끝낸 사람들도 여전히 하나님과의 교제를 최우선으로 해야 마지막에 승리할 수 있다. 아직 결승선을 통과한 것이 아니기 때문이다. 돌부리에 걸려 넘어질 수 있기 때문에 끝까지 주님과 동행해야 한다.

한창 사역이 왕성할 때 어떤 유혹에 넘어가면 안 된다. 나이 들어 치매에 걸려 수치를 보이면 안 된다. 은퇴 즈음에 명예욕과 물질욕 때문에 평생 이루어온 사역을 망치면 안 된다. 훌륭하게 사역하고 미혹의 영에 사로잡혀 주님의 교회를 가톨릭에 갖다 바쳐도 안 된다.

나는 박사학위를 받은 후에도 그 어떤 수입도 없이 지냈다. "네가 믿으면 하나님의 영광을 보리라!"는 하나님 음성의 포로가 되었기 때문이다. 하나님을 믿는 그 훈련을 지금까지 하고 있다. 하나님을 기다리던 초창기에 여덟 살 막내 베키가 엄마와 함께 세 얻은 사무실에 와서 "You work for nothing. You don't get nothing. Nobody pays you(아무것을 위해 일하지 않는다. 아무 돈도 벌지 못한다. 아무도 월급을 주지 않는다)"라고 조그맣게 소리치고 갔다. 여름방학 때 돈이 생기면 여행가자고 기도하라고 해놓고 아무 데도 가지 않으니 골이 날대로 난 것이다. 사실 그 주간에 어느 기도 그룹에서 1,000달러를 주었다. 이 돈은 기도해서 생긴 것이었다. 그러나 집세를 내야 해서 차마 아이에게 기도해서 돈이 들어왔다는 말을 하지 못했다. 같이 하나님을 기다리는 아내는 이해하지만, 아이에게는 약속을 지키지 못하는 돈 못 버는 무능한 아빠인 것이다. 아무리 초조함을 버리고 잠잠히 하나님을 기다린다고 해도 그것은 나의 문제이지, 실제적인 어려움을 겪는 아내와 가족에게는 이유가 될 수 없는 가장의 위치 때문에 마음이 많이 무거웠다.

아내와 딸이 돌아가자 "기도해도, 하나님을 기다려도 기도 안하는 사람보다, 하나님을 기다리지 않는 사람보다 못할까? 다른 사람들보다 10년은 늦다"라는 말이 불쑥 나왔다. 그때가 2005년이었고 그러고도 하나님을 기다린 세월이 10년을 훌쩍 넘은 지 오래이다. 나는 오래 살 것 같다. 왜냐하면 크고 많은 약속을 받았을 뿐만 아니라, 하나님을 기다리는 인내의 시간들 속에서 실망하거나 약속을 포기하지 않을 만큼 믿음의 신뢰와 확신이 있기 때문이다. 그리고 지금은 그 믿음을 기본으로 사랑의 단계에 와 있다. 혹 믿음의 끈은 끊어질지라도 사랑은 끊어지지 않는다.

한번은 미국인 사역자의 집에서 같이 기도하던 중, 아내가 거실

높은 삶으로의 부르심

한복판에 내려온 금 밧줄을 내가 두 손으로 붙들고 "절대로 놓치지 않겠다"고 말하는 환상을 보았다. 나는 절대 쉽게 포기하지 않는다. 그리고 하나님의 모든 약속은 내가 포기하지 않는 한 반드시 이루어진다. 그리고 그 시험과 훈련 기간이 다른 사람들뿐만 아니라 나 자신조차도 이해하기 힘들만큼 길었다. 이를 통해 더는 나의 일을 위해 준비된 것이 아니라, 하나님에 의해 사용되기 위해 준비된 것이라는 사실을 깨달았다. 이제 하나님께서 일하실 것을 믿는다. 그리고 하나님이 하시면 사람이 50년간 할 것을 1년 안에 또는 순식간에 이루실 것이다. 이를 위해 믿음과 순종과 희생과 인내의 시험을 통과하게 하신 것이다. 거룩하신 하나님의 동역자로 쓰시려고 거룩하게 하시는 것이다. 하나님 약속의 말씀이 응할 때까지 그 말씀이 나를 단련시키는 것이다.

그는 그 언약 곧 천대에 명하신 말씀을 영원히 기억하셨으니(시 105:8).

곧 여호와의 말씀이 응할 때까지라 그 말씀이 저를 단련하였도다(시105:19).

하나님은 살아 계신다. 하나님의 모든 약속은 반드시 이루어진다. 나를 통한 하나님의 계획은 반드시 성취된다. 이미 나를, 나의 가족을, 우리 교회와 킹덤 빌더즈 사역을 넘어선 시대적인 것이고 하나님이 친히 명령하신 하나님의 리콜 운동이기 때문이다.

하나님의 약속은 얼마든지 그리스도 안에서 예가 되니 그런즉 그로 말미암아 우리가 아멘 하여 하나님께 영광을 돌리게 되느니라(고후 1:20).

그런 하나님의 약속에 대한 신뢰를 넘어 확신 가운데서도 힘든 것은 힘든 것이다. 한번은 하나님께 순종하고 그분을 기다리는 중에 정말 힘들어 작정하고 돈 좀 달라고 기도하였다. 그때 들은 주님의 음성을 잊을 수 없다. "왕의 종이다!" 왕이 행차하면 모든 것이 온다는 말씀이다. 그러니 기다리라는 것이다. 왕이신 하나님을 기다리는 힘든 시간 중에도 분명한 한 가지는 '하나님께서 일하시도록 자신을 준비시킨 사람은 항상 끝이 좋다'는 사실이다.

평안과 안식

사망 권세를 멸하신 주님이 주시는 평화가 진정한 평화이다. 위로부터 내려오는 평화가 영원한 평화이다. 성령이 임하실 때 얻게 되는 평화는 하나님 나라가 우리 안에 임했다는 증거이다. 아무도 내 곁에 없다고 느껴질 때 평화를 누릴 수 있다면, 그것은 주님이 나와 함께 있음을 믿는 믿음의 평화를 발견한 것이다. 고난의 풀무 가운데서 하나님의 선하심과 신실하심을 믿는 사람은 참된 평화의 사람이다. 믿음은 상황에 의존하지 않고 하나님의 선하심에 기반을 둔다. 우리는 어떤 환경에서도 하나님의 선하심을 믿을 수 있어야 한다. 이것이 참되고 영원한 평화를 소유할 수 있는 비결이다. 그리고 주님 안의 안식을 발견한 사람에게 주어지는 열매가 이 평화이다.

안식 안에 나를 위한 넓은 장소가 있다. 그분의 비밀한 장소 안으로 밀고 들어가라. 이는 외로움과 고독함의 장소가 아니라, 한적하고 안식하는 곳이다. 외로움은 원치 않는 고독함이다. 그러나 한적함은 자발적으로 고독함과 분리를 선택하는 것이다. 이 안식의 장소에서 우리는 삶의 목적과 궁극적 사명을 발견할 수 있다.

지금은 마음의 전쟁을 멈추고 안식할 때이다. 완전한 맡김과 참된 평화는 안식의 산물이다. 안식을 배운 자들은 종래 하나님과의 비밀한 장소에서 나오게 될 것이며, 우리가 포기한 것 이상의 것과 함께 나오게 될 것이다. 이와 같이 스스로 또는 굴복을 통해 한적함을 택한, 그리고 주님 안에서 안식과 평화를 발견한 자들은 '남은 자(Remnant)'만이 아니라, '이기는 자(Overcomer)'로 서게 될 것이다. 그리스도인에게 있어서 안식은 신앙의 승리를 위해 선택이 아니라 필수이다. 내 노력을 중지하고 하나님의 시간 안으로 들어갈 때, 그 결과로 우리는 이전에 경험하지 못한 안식과 평화를 소유하게 될 것이다. 하나님의 시간은 영원의 시간이며, 그곳은 초조함이 없는 완전함의 장소임을 아는 것은 무엇보다 소중하다. 지금은 안식과 축하의 시즌이다. 말할 수 없는 기쁨의 시간이다.

그렇게 기도하면서도 여전히 염려하고 근심하고 있다면, 이는 아직도 광야를 벗어나지 못하고 있는 것이다. 내가 겪고 있는 어떤 고난과 어려움보다 크신 하나님이심을 믿고 그분의 안식 안으로 들어가라. 그곳에 완전한 평화가 있음을 발견하게 될 것이다.

이미 그의 안식에 들어간 자는 하나님이 자기 일을 쉬심과 같이 자기 일을 쉬느니라(히 4:10).

3장

감사하는
마음

감사하는 마음

감사하는 마음은 하나님의 뜻이요, 하나님께서 사람에게 주신 근본적인 마음이다. 하나님께서 구원받은 백성에게 바라시는 근원적인 감사는 아무 열매가 없어도 하나님 한 분만으로 환경을 초월해 감사할 수 있는 것이다.

> 비록 무화과나무가 무성치 못하며 포도나무에 열매가 없으며 감람나무에 소출이 없으며 밭에 식물이 없으며 우리에 양이 없으며 외양간에 소가 없을지라도 나는 여호와를 인하여 즐거워하며 나의 구원의 하나님을 인하여 기뻐하리로다 (합 3:17-18).

하나님께서 원하시는 진정한 감사는 우리의 환경과 조건을 초월하는 근원적인 감사이다. 최상의 감사는 찬미의 제사라고 생각한다. 왜냐하면 찬미는 감사에 기쁨을 더한 것이기 때문이다. "항상 기뻐하라 쉬지 말고 기도하라 범사에 감사하라"(살전 5:16-18) 하신 말씀을 환경에 구애받지 않고 슬플 때나 기쁠 때나 괴로울 때나 편안할 때 할 수 있는 것이 우리의 입술로 드리는 '찬미의 제사'이다. 그래서 우리 입에서 나오는 찬양은 우리의 육신과 생각을 넘어서는 영혼의 감사가 된다. 바울과 실라는 빌립보 감옥에 갇혀 쇠사슬에 매여 있었어도 밤중에 하나님을 찬미하였다. 이는 조건적인 정신적 감사가 아니다. 이는 환경을 초월하는 하나님의 섭리를 깨닫게 된 그들의 마음 깊은 곳, 영혼에서 우러나는 감사의 표현이 찬미로 나타난 것이다.

최후의 만찬 후, 예수님께서는 제자의 손에 팔려 유대인과 로마인에게 내어준 바 되고, 십자가 형벌로 죽임 당하실 것을 아셨다. 육신의 예수님께서 육체의 고통을 당하시기 전이었지만, 심적 고통은 말할 수 없었을 것이다. 배신의 고통과 닥쳐 올 고난에 대한 중압감은 인간으로서 감사할 수 있는 조건이 아니고, 더욱이 기뻐할 상황은 아니었다. 그런데도 주님은 감사에 기쁨을 더해 찬미하고 감람산으로 나아가셨다. 감람산 서쪽 겟세마네 동산에는 이미 그분을 잡으러 올 자들이 대기하고 있었다. 골고다 언덕이 예수님 육체의 고난의 극치였다면, 겟세마네는 예수님의 심적 고통의 극치였다. 그런데 그 현장으로 나아가면서 그분은 입술의 열매인 찬미의 제사(히 13:15)를 드린 것이다. 이는 자신을 희생하여 인류 구원을 이루시는 하나님의 뜻을 알았기 때문이다. 그리고 부활과 영광에 이르는 소망을 소유하셨기 때문이다.

찬미할 때 죽음의 고난이 부활의 영광으로 바뀌고, 멸망과 저주의 십자가가 구원과 축복의 능력이 된다. 진실 된 감사와 기쁨의 제사는 인간적으로 이해할 수 없는 극한 심적 고난과 시련의 형편과 처지에서 드리는 찬미의 제사이다. 여기에 우리의 하나님을 신뢰하는 진정한 믿음의 고백과 감사의 행동이 나타나는 것이다. 많은 신앙의 인물들은 감사할 수 없는 시련의 순간에서 하나님을 신뢰하며 고난 중에서 감사하고, 이루어질 하나님의 선하신 뜻과 축복을 미리 감사하였다. 위대한 신앙의 결단은 평화롭고 모든 것이 보장된 삶에서 나오지 않는다.

네로의 박해로 죽을 날을 기다리던 초대교회 순교자들은 인간이었기 때문에 원형 경기장에 끌려 나가기 전까지 닥쳐올 시련과 죽음의 공포로 말할 수 없는 괴로움을 겪었지만, 사자에게 물어뜯기는 육신의 고통은 길지 않았을 것이다. 그러나 그 순간에도 그들은 성령의 도우심으로 찬미하며 하늘의 기쁨을 미리 맛보면서 죽음을 넘어 영원한 나라에 갔을 것이다. 그때 그들이 드린 찬미는 마취제보다 강한 하나님의 영광에 취해 육신의 고통을 느끼지 않는 기쁜 영혼의 노래였을 것이다. 그래서 그들은 평화롭게 죽음을 맞이했을 것이다. 며칠 전에 성령이 주신 감동으로 쓴 글이다.

"나는 나의 달려갈 길과 주 예수께 받은 사명을 다하고 죽는 순간에 '기뻐하고 즐거워'할 것이다. 이는 나를 위해 예비해 놓으신 아버지 하나님의 집, 천국에 들어가기 때문이다." 새벽에 깨면서 이렇게 외치기도 하였다. "기뻐하며 즐거워하며 내 아버지의 집으로 갈 것이다."

우리는 어려운 순간이 신앙 안에서 믿음으로 가장 기뻐할 수 있는 순간임을 알아야 한다. 감사하지 못할 상황이 근원적이고 진정한 감사를 발견하고 고백할 순간임을 믿자. 그리할 때 우리의 신앙은 독수리가 날개 치며 올라감 같이 비상할 수 있고, 하박국 선지자가 말한 것처럼 "주 여호와는 나의 힘이시라 나의 발을 사슴과 같게 하사 나로 나의 높은 곳에 다니게 하시리로다"(합 3:19)라고 고백할 수 있게 된다. 욥이 고난 중에 고백한 대로 하나님께서 앞에도 계시지 않고 뒤로 가도 보이지 않으며 왼편에서도 만날 수 없고 오른편으로 돌이켜도 볼 수 없더라도, 우리도 "나의 가는 길을 오직 그가 아시나니 그가 나를 단련하신 후에는 내가 정금 같이 나오리라"(욥 23:10)고 믿음으로 고백하자.

지금이 감사와 찬미를 고백할 최적기요, 우리의 신앙이 도약할 가장 좋은 기회임을 믿자. 시편 42편의 저자는 "내 영혼이 내 속에서 낙망이 되고 주의 파도와 물결이 나를 엄몰하지만 낮에는 여호와의 인자하심이 있고 밤에는 찬송이 내게 있다"(6-8절)라고 고백하였다. 그리고 마지막 절에서 자신에게 외치기를 "내 영혼아 네가 어찌하여 낙망하며 어찌하여 내 속에서 불안하여 하는고 너는 하나님을 바라라 나는 내 얼굴을 도우시는 내 하나님을 오히려 찬송하리로다"(11절)라고 하였다. 신앙에 대한 고상한 생각, 그동안의 우리가 지닌 성경 지식이나 간절한 기도가 우리의 형편을 돕지 못할 때가 있다. 어려운 지금 이 순간이 우리의 믿음을 입술로 고백할 때요, 입술의 열매인 찬미의 제사를 드릴 행동의 때이다.

하나님은 살아 계신다. 주님은 어제나 오늘이나 영원토록 동일하시다(히 13:8). 사람으로는 할 수 없으되 하나님으로는 다 할 수 있다

(마 19:26). 내게 능력 주시는 자 안에서 내가 모든 것을 할 수 있다(빌 4:13)고 하셨고, "예수께서 이르시되 할 수 있거든이 무슨 말이냐 믿는 자에게는 능치 못할 일이 없느니라"(막 9:23)고 하셨다. 오늘도 감사에 기쁨을 더하여 찬미하자. 주님 안에 있는 우리에게 닥친 시련은 인내와 연단과 소망을 낳기 때문이다.

감사 : 하나님 축복의 열쇠

감사는 우리의 삶에 하나님의 축복을 풀어놓는 열쇠이다. 또한 하나님을 축복하는 것이다. 많은 사역자가 주님이 메어주지 않은 멍에를 메고 힘들어 한다. 그래서 감사하지 못한다. 우리의 첫 번째 소명은 주님께 복종하는 것이다. 성령으로 인도받는 것이다. 주님의 책임은 하나님의 사람들을 돌보는 것이다. 우리의 책임은 우리에게 주신 것을 드리는 것이다. 우리는 사람을 바꿀 수도 없고, 어떤 것을 하도록 할 수도 없다. 주님의 친구 나사로가 죽어 갈 때, 주님은 나사로와 그의 누이 마르다와 마리아의 요구에 응하지 않으셨다. 그분은 하나님 아버지의 음성에 응하셨다. 오직 아버지가 베다니에 가라고 할 때 가셨다. 그 이전도 그 이후도 아니다. 비록 나사로가 죽은 후에라도 말이다. 하나님은 그분이 무엇을 하는지 아신다. 우리가 주님께 굴복하고 그분을 온전히 사랑하면, 하나님께서 그분의 욕구들을 우리의 마음에 두신다. 성경의 약속은 새 마음과 새 영을 우리 속에 두신다는 것이다.

또 새 영을 너희 속에 두고 새 마음을 너희에게 주되 너희 육신에서 굳은 마음을 제하고 부드러운 마음을 줄 것이며 또 내 신을 너희 속에 두어 너희로 내 율례를 행하게 하리니 너희가 내 규례를 지켜 행할지라(겔 36;26-27).

오직 자신만이 하나님 안의 목적을 알 수 있다. 다른 사람이 그것을 말할 수 없다. 하나님만이 우리의 생명줄이다. 때로 예언적 말씀이 확신을 주는 것도 사실이지만, 궁극적으로 개개인이 자신을 위해 하나님으로부터 듣는 것이다. 주님께서 말씀하셨을 때, 그분은 우리가 다음을 향해 움직일 믿음까지도 부여 하신다. 그분은 우리의 아버지이시다. 결국 온전한 복종 위에 세워지는 감사가 하나님의 축복을 풀어놓는 열쇠이다. 하나님께서 말씀하셨다면, 걱정 대신에 그 걱정할 것을 감사하자!

감사와 기쁨

감사하는 마음은 모든 상황 속에서 가장 좋은 것을 보는 것이다. 감사를 잃으면 불평이 생긴다. 그러나 감사하는 마음을 계속 간직하면 기쁨이 찾아온다. 그래서 "범사에 감사하라"(살전 5:18) 하신 것이다. 그래서 "항상 기뻐하라"(살전 5:16) 하신 것이다. 스티브, 웬디 백런드는《40일 믿음의 점화》에서 부정의 금식과 긍정의 만찬에 대해 말한다. 부정적인 생각은 금식하고 긍정적인 생각은 만찬을 즐기듯이 하라는 것이다. 감사는 만찬을 즐기듯이 하고 불평은 평생 금식하면 좋겠다.

매미는 3~17년간 땅속에 있다가 여름에 밖으로 나와서 7일에서 길면 한 달가량 살다 죽는다. 그래서 "매미는 우는 것이 아니라 그 아름다운 생애를 노래하는 것이다"라고 말하는 사람도 있다. 땅속에서 바닥을 기는 애벌레로 있다가 나는 매미가 된 새로운 삶을 노래한다는 것이다. 나비는 7년을 애벌레와 굼벵이로 살면서 네 번의 고치를 거치며 고통스러운 몸부림으로 껍질을 벗고 변형된 모습으로 날아간다. 땅속에 있으면서도 날 수 있는 유전자를 갖고 있었던 것이다.

인간은 하나님의 형상으로 지음받았으며, 두 가지 목적으로 창조되었다. 하나는 하나님의 영광을 위해서이고, 다른 하나는 그분의 찬송을 부르기 위해서이다.

> 무릇 내 이름으로 일컫는 자 곧 내가 내 영광을 위하여 창조한 자를 오게 하라 그들을 내가 지었고 만들었느니라(사 43:7).

> 이 백성은 내가 나를 위하여 지었나니 나의 찬송을 부르게 하려 함이니라 (사 43:21).

하나님께 영광을 돌리고 그분의 찬송을 부르는 것은 그분을 기쁘게 하는 것이다. 이것은 감사와 기쁨의 마음을 소유한 자만의 특권이다. 불평과 원망하는 마음으로 하나님께 영광을 돌리고 그분을 찬송할 수 없다. 하나님께 섭섭한 마음을 품고 있으면서 그분을 기쁘게 할 수는 없다. 믿음의 사람들에게 평안은 기본이요, 감사는 의무이며, 찬송은 특권이다. 하나님을 찬송하는 사람은 그분을 기쁘게 하는 것이다. 그분을 기쁘게 하는 사람에게 그분의 기쁨이 임한다.

내가 여호와로 인하여 크게 기뻐하며 내 영혼이 나의 하나님으로 인하여 즐거
워하리니 이는 그가 구원의 옷으로 내게 입히시며 의의 겉옷으로 내게 더하심
이 신랑이 사모를 쓰며 신부가 자기 보물로 단장함 같게 하셨음이라(사 61:10).

나는 여호와를 인하여 즐거워하며 나의 구원의 하나님을 인하여 기뻐하리로다
(합 3:18).

세계에서 가장 가난한 나라 중 하나인 네팔의 파탄이라는 도시에
미국 선교사들의 병원이 있다. 1983년 네팔 선교 중에 그 병원을 방
문하게 되었는데, 병원 건물에서 교회로 모이는 네팔 교인들과의 예
배가 지금도 잊혀지지 않는다. 여인들과 아이들이 주축이 되어 한
3백 명쯤 모였는데, 그들의 옷차림은 너무나도 누추하였다. 그들이
한 목소리로 "단네밭 예수 단네밭 예수 단네밭 예수 메로 만데이끼
단네밭 예수 단네밭 예수 단네밭 예수메로 만데이끼(예수님 감사해요
예수님 감사해요 예수님 감사해요 예수님은 나의 구세주)"라고 찬송을 불렀
다. 우리 식으로 하면 '궁상각치우' 같은 단조로운 곡조이다. 아마도
수십 번은 부른 것 같다. 때로는 천천히, 때로는 빠르게, 나중에는
서로 어깨동무를 하며 "단네밭 예수 단네밭 예수 메로 만데이끼(예수
님 감사해요 예수님은 나의 구세주)" 아주 천천히 노래하는데 저마다의 눈
에 눈물이 맺혀 있었다.
　네팔은 힌두교 국가이고 기독교 인구는 5만 명 남짓이다. 그 당시

에 세례를 받으면 징역 1년, 세례 준 자는 6년 동안 교도소에 가야 했다. 이렇게 핍박이 심한 환경에서 예수님을 구주로 믿고 구원 얻은 감격으로 감사를 고백하며 눈물을 흘린다는 것은 진정으로 거듭난 자들이 아니고는 할 수 없는 것이다. 동물들도 사람을 기쁘게 할 수 있다. 그러나 이 세상에 하나님을 찬송하고 그분을 기쁘게 하는 동물은 없다. 비록 가난하고 열악한 환경에서도 그들이 하나님의 형상으로 지음받은 인간이기 때문에 하나님을 찬송하고 그분을 기쁘게 할 수 있는 것이다. 그러므로 감사는 구원받은 백성이 마땅히 해야 하는 것이다. 찬송은 하나님을 기쁘게 하는 우리의 특권이다. 하나님을 찬송하면 하나님의 기쁨이 온다. 그 기쁨은 세상이 빼앗을 수 없다. 초대교회는 박해 중에서도 기뻐했다. 기독교는 기쁨의 종교이다. 그것은 감사와 찬송을 통해서 온다.

> 날마다 마음을 같이 하여 성전에 모이기를 힘쓰고 집에서 떡을 떼며 기쁨과 순전한 마음으로 음식을 먹고 하나님을 찬미하며 또 온 백성에게 칭송을 받으니 주께서 구원 받는 사람을 날마다 더하게 하시니라(행 2:46-47).

> 감사함으로 그 문에 들어가며 찬송함으로 그 궁정에 들어가서 그에게 감사하며 그 이름을 송축할지어다 대저 여호와는 선하시니 그 인자하심이 영원하고 그 성실하심이 대대에 미치리로다(시 100:4-5).

오늘도 매순간마다 하나님께 감사하고 찬송함으로 이 기쁨을 누리며 살자.

높은 삶으로의 부르심

온유한 마음

마태복음 5장은 산상수훈으로 예수님께서 천국 시민의 법에 대해 말씀하신 것이다. 그중 5절은 "온유한 자는 복이 있나니 저희가 땅을 기업으로 받을 것임이요"라고 하였다. 예수님은 온유와 화평의 모본 이시다. 마태복음 11장 29절에서 주님은 "나는 마음이 온유하고 겸손하니 나의 멍에를 메고 내게 배우라 그러면 너희 마음이 쉼을 얻으리니"라고 하셨다. 주일학교 때 배운 노래가 생각난다. "온유한 마음 은 주님의 마음 동무들아 이 마음 어서 배워요 하나님이 제일로 사랑 하는 맘." 주님은 마음이 온유하고 겸손하셔서 예루살렘에 입성하실 때 평화의 왕으로 나귀를 타셨다. 그분은 자신을 고소하는 가야바 법 정과 빌라도 앞에서도 잠잠하셨다.

온유함은 길들여진 온순함이다. 야생마가 고삐에 묶여 길들여질 때, 주인에게 순복하면서도 질주 본능은 그대로 간직한 것이 온유함 이다. 그러므로 온유함은 힘이 없는 것이 아니다. 주권을 하나님께 맡기는 것이다. 원수 갚는 것을 하나님의 손에 맡기는 것이다. 오른 뺨을 맞으면 왼뺨을 돌려대는 것이다. 하나님의 법, 천국의 법으로, 하나님 나라의 시민, 하나님의 아들로 사는 것이다. 더 큰 법, 더 위 의 법에 순종하며 사는 것이다. 하나님의 뜻에 순복하는 삶이다. 온 유한 자가 땅을 기업으로 받는다. 내가 성취하는 것보다 더 크게 성 취한다. 내가 알지 못하는 그 너머의 하나님의 계획이 성취된다. 열 방까지 미친다. 때로는 하나님의 뜻을 알지 못해 힘들 수 있다. 그러 나 때가 되면 약속이 현실화된다.

여호와를 기대하는 자는 땅을 차지하리로다(시 37:9).

오직 온유한 자는 땅을 차지하며 풍부한 화평으로 즐기리로다(시 37;11).

그러므로 온유한 자는 여호와를 기대하는 자요, 하나님의 아들이요, 천국 시민이다. 하나님께 구하고 하나님께 받는 자들이다.

내게 구하라 내가 열방을 유업으로 주리니 네 소유가 땅 끝까지 이르리로다 (시 2:8).

이 기다림(온유함), 이 포기함(이곳에 있게 하심)은 한국 교회뿐만 아니라, 여러 민족에게 미치게 될 하나님 영광의 부흥을 위한 것이다. 하나님께서 하나님의 불, 하나님의 영광, 하나님의 능력을 통한 회복과 부흥이 임하는 것을 보여 주셨다. 한국과 미국뿐 아니라 마지막 열방 추수의 역사에 동참하기 위해서는 온유함과 기다림의 성품이 요구된다. 내가 하는 것을 온전히 멈출 때, 하나님이 나를 통해 이루시는 일을 비로소 할 수 있게 된다. 어려움 중에 참고 잠잠하고 인내하고 온유하면, 땅을 기업으로 받을 것이다.

이르시기를 너희는 가만히 있어 내가 하나님 됨을 알지어다 내가 열방과 세계 중에서 높임을 받으리라 하시도다(시 46:10).

하나님을 경외하는 마음

하나님을 경외하는 마음은 죄를 미워하는 것과 하나님의 거룩하심, 권능, 충만하심을 알고 순종하는 것이다. 하나님을 경외하는 마음은 사람을 두려워하지 않고 하나님의 반응을 구하는 것이다.

내가 사람들에게 좋게 하랴 하나님께 좋게 하랴(갈 1:10).

하나님은 경외함에 대한 시험을 하신다. 아브라함에게 아들보다 하나님을 더 사랑하는지 시험하셨다. 순종의 시험보다 사랑, 예배, 경외의 시험이다. 우리의 갈급한 정도와 경험, 하나님의 성품에 대한 지식의 수준에 따라 감당할 수 있을 만큼의 시험을 주신다. 지금의 시험이 아주 힘든 시험이라는 것은 하나님께서 나의 믿음의 수준을 높이 평가하셔서 감당할 수 있음을 알고 주시는 것이다. 하나님은 모든 것을 아시며 지혜와 총명의 신이시다. 하나님을 경외하는 마음은 하나님은 온유하시고 지혜를 주시며 한결같이 진실하시다는 것을 믿는 것이다. 그분은 우리를 시험하시되 우리에게 알맞은 시험이 무엇인지 아신다. 처음에는 작은 일로 시험하시지만, 점차 우리가 하나님을 경외하는 마음으로 생활하면, 우리를 단련시키기 위해 한층 더 큰 시련 속에 두신다. 조이 도우슨은 "시험에 패스하면 진급과 권세와 상급을 주신다"라고 말했다.

너희 중에 여호와를 경외하며 그 종의 목소리를 청종하는 자가 누구뇨 흑암 중에 행하여 빛이 없는 자라도 여호와의 이름을 의뢰하며 자기 하나님께 의지할 지어다(사 50;10).

나는 주를 경외하는 모든 자와 주의 법도를 지키는 자의 동무라(시 119;63).

주를 두려워하는 자를 위하여 쌓아 두신 은혜 곧 인생 앞에서 주께 피하는 자를 위하여 베푸신 은혜가 어찌 그리 큰지요(시 31:19).

무릇 기다리는 자에게나 구하는 영혼에게 여호와께서 선을 베푸시는도다 사람이 여호와의 구원을 바라고 잠잠히 기다림이 좋도다(애 3:25-26).

"완전한 굴복과 완전한 복종이 요구된다(Total Submission & Total Obedience)." 아브라함은 약속을 이루신 하나님에 대한 신뢰와 믿음이 있었기에 이삭을 바치는 시험에도 순종함으로 하나님 경외함을 인정받게 되었다.

소원을 두고 행하게 하시는 하나님

하나님께서는 온 우주 창조물의 모든 것을 아신다. 우리의 육체, 정신, 영의 세계를 세밀히 아신다. 우리의 세포 하나하나까지 다 아신다. 하나님께서 모르시는 것은 없다. 그분에게 어려운 것은 아무 것도 없다. 그분에게는 모든 것이 쉽다. 그러므로 나를 향한 하나님의 뜻을 이루겠다는 마음 자세를 갖는 것이 중요하다. 하나님께서 나를 통해 이루기 원하시고, 영광받기 원하시는 것을 이루겠다는 긍정적인 신앙 자세를 가져야 한다. 하나님께서는 우리 삶의 시작과 끝을 모두 아신다. 내가 지금 이 세상에 존재하는 것이 하나님의 뜻이라면, 나를 통해 이루시고자 하는 뜻이 있다.

하나님께서는 나를 정말로 필요로 하신다. 내가 하나님이 원하는 존재가 되려는 마음을 가지면, 하늘과 땅을 움직여서라도 하나님께서 이루게 하실 것이다. 하나님은 정말로 그것을 이루기 원하신다. 그러나 하나님이 원하시는 장소에 이르러야 한다. 다른 곳에서는 하나님의 역사가 일어나고 다른 사람들은 은혜를 받는데, 왜 나에게는 은혜를 주지 않느냐고 항변하는 사람들이 있다. 하나님이 원하시는 장소에 오지 않으면서 목적지까지 옮겨 달라고 해서는 안 된다. 우리가 하나님이 원하시는 장소에 가기를 힘쓰면, 하나님께서 그분의 목적을 이루시기 위해서 우리를 도우실 것이다.

우리가 지금 여기서 숨 쉬고 있는 데는 분명한 이유와 목적이 있다. 하나님께서 우리의 삶에 개입하신다. 우리의 가슴 속에 심어져 있는 삶의 목적이 무엇인지를 아는 것이 무엇보다 중요하다. 빌립보서 2장 13절에 "너희 안에서 행하시는 이는 하나님이시니 자기의 기쁘신 뜻을 위하여 너희로 소원을 두고 행하게 하시나니"라고 하였다. 내 안에 하나님의 소원이라는 지속적인 확신이 있다면, 우리 앞을 가로막는 모든 어려움과 대적은 우리의 밥이다. 하나님께서 우리와 함께하시기 때문이다. 이 믿음을 가지고 약속을 축복으로 소유하는 자들이 되어야 한다.

사랑을 요구하시는 하나님

우리의 섬김이나 사역보다 하나님은 우리의 사랑을 요구하신다. 그분의 최대 계명은 우리가 마음과 뜻과 목숨을 다하여 하나님을 사랑하는 것이다. 만약 우리가 하나님을 사랑하면, 그분이 우리에게 요구하시는 것을 성취할 수 있을 것이다. 계명을 지키는가, 하나님의 말씀을 행하는가는 하나님을 사랑하는가, 세상을 사랑하는가의 문제이다.

너희가 나를 사랑하면 나의 계명을 지키리라(요 14:15).

하나님의 계명을 지키지 않는 자는 진리가 그 속에 있지 아니하며 세상을 사랑하는 자요, 하나님의 사랑이 그 안에 있지 않다. 우리가 하나님을 사랑할 때 모든 것이 합력하여 선을 이룬다(롬 8:28). 오늘도 광야 단계에 속한 수많은 하나님의 백성과 사역자들이 하나님을 사랑하고 그분의 계명을 준행하는 단계를 통과하지 못해서 광야에서 쓰러지고 있다. 고난을 통해 율례를 배우고 하나님의 계명에 순종하는 것을 통과하지 못하는 것이다.

고난 당한 것이 내게 유익이라 이로 인하여 내가 주의 율례를 배우게 되었나이다(시 119:71).

하나님을 사랑하는 것은 힘들지 않다. 우리는 어떤 일을 하든지

높은 삶으로의 부르심

하나님께 기쁨을 드릴 수 있다. 우리가 어떤 사역의 직분으로 하나님을 기쁘게 하는 것이 아니다. 우리 사랑의 깊이에 의한 내 삶의 가치를 하나님께서 보신다. 지금의 나의 형편과 처지와 장소와 시간에서 하나님을 사랑해야 한다.

주님을 극진히 사랑합니다. 내가 주님께로 달려갑니다.
주님 내가 무엇을 하든지, 어느 곳에 있든지, 어떠한 형편 속에서도 주님을 향한 나의 사랑을 표현합니다.
주님의 사랑으로 나를 삼키소서.

주님 곁으로 나 나아갑니다.
내 모든 것 다 드리며 주 음성 듣기 원하네.
나의 참 소망 그 무엇과도 바꿀 수 없는 주 사랑 그 품 안에 나 안기리 주님의 길로 인도하소서 주님만이 내 모든 것 되시니 주님만을 더 알게 하소서.

하나님의 간섭

하나님의 간섭은 어떤 사람에게는 구속이 되기도 하지만, 어떤 사람에게는 그분의 세심한 사랑이다. 사실 주님께 자신의 삶을 굴복한 사람에게는 더이상 멍에나 사슬이 아니라, 아름다운 관심이요, 나를 잃어버리지 않으려는 하나님 소유력의 표현인 것이다. "너는 내 것이라"는 주님의 말씀은 어려운 순간에 보호하시고 늘 함께하겠다는 약속이지만, 네가 혹시라도 잘못된 길로 가거나 나의 사랑에서 벗어나려고 하면, 그렇게 하지 못하도록 하겠다는 간섭이기도 하다. 그런 의미에서 잘못된 길을 가거나 자기 마음대로 신앙생활을 하는데도 하나님의 간섭이 없다면, 그것은 근본적으로 심각한 문제가 있는 것이다. 그런 경우에는 아직 하나님께 속하지 않았거나, 모아 두셨다가 후에 하나님께서 크게 손보실 수도 있다.

그러나 주님을 극진히 사랑하고 늘 주님의 음성을 들으며 그분과 동행하는 사람은 조금만 눈길을 다른 데로 돌리고 마음 한구석으로 딴생각을 하면 여지없이 하나님의 간섭하심을 경험하게 된다. 그리고 그것의 경중에 따라 하나님의 간섭하심도 평형저울처럼 균등하게 일어난다. 그렇기 때문에 이전처럼 쉽게 실망감을 갖거나 입술이나 행동으로 표현하지 않도록 늘 조심해야 한다. 그러지 않으면 그에 맞는 교정이 하나님으로부터 오기 때문이다.

하나님의 음성을 듣고 믿음으로 순종하는 단계를 배우고 있던 10여 년 전에는 하나님께 다 맡겼다고 하면서도 물질 때문에 걱정하면, 하나님이 물질을 주시는 것이 아니라 오히려 없는 형편에서 물질적 손해를 보게 하셨다. 하나님을 기다리는 중에 부모로서 자녀들에게 해주지 못한 미안한 마음이나 자책감이라도 가지면, 금세 자녀들을 더 걱정할 일을 만들어서라도 그렇게 하면 안 된다고 간섭하셨다.

2006년인가 2007년 추석 명절 때의 일이다. 미국에서는 한국처럼 명절을 쇠지는 않지만, 나는 명절을 타는 편이다. 명절이 되면 한국 생각도 나고 홀로 계시는 연로한 어머님을 맏아들로서 돌아보지 못한 미안한 마음이 들었다. 그래서 모처럼 아이들과 함께 아이쇼핑이라도 갈까 했다. 그런데 아내가 "당신은 하나님과 노세요"라고 말하고 세 딸과 외출해 버렸다. 그때 내 입에서 "하나님과 노는 것도 재미없어"라는 말이 나왔다. 하나님의 음성을 듣고 그분을 기다리는 중에 하나님의 불세례와 그분의 영광에 휩싸인 이후로 밤낮으로 하나님과 교제하기 3년째였다. 그저 싱숭생숭한 명절 타는 마음을 잡지 못하고 "하나님과 노는 것도 재미없어"라고 내뱉은 것이다.

혼자 사무실에서 번역하며 매일 주어지는 꿈과 환상과 영적 경험들을 일지에 적으며 언제일지 모르는 날을 위해 잘 견뎌내고 있었는데, 그 말을 하자마자 갑자기 그것이 싫어지는 것이었다. 그리고 그날따라 반항적인 생각이 들었고 오후 내내 한참 유행이었던 UFC 격투기를 시청하였다. 고삐 풀린 망아지처럼 시간을 허비하며 내 나름대로 스트레스를 푼 것이다. 그런데 월요일 아침에 사무실에 가보니 문이 열려 있었다. 내 유일한 재산이었고 그동안의 모든 자료가 들어있는 랩탑 컴퓨터가 사라지고 없었다. 집 앞에 사무실이 있었고 더구나 선교센터라서 항상 두고 다녀도 문제가 없었다. 내가 문을 안 닫았는지, 아니면 누가 문을 열고 들어와서 가져갔는지 알 수 없었다. 지난 10여 년 동안 컴퓨터가 두 번 고장나는 일이 있었다. 한번은 산지 얼마 안 된 컴퓨터 스위치가 고장나서 컴퓨터 수리 회사에 다니는 교회 청년에게 맡겼는데 분해했다가 고치지 못한다고 다시 가져왔다. 수리 회사에 맡겼다면 손해배상이라도 요구할 수 있었지만 그러지도 못하였다. 하나님이 간섭하신 것이다.

지금은 조금이라도 하나님의 사랑에서 벗어나거나 부정적인 생각을 하기가 겁이 난다. 하나님의 간섭이 아직까지 때때로 나를 아프게 하기 때문이다. 어떤 보상을 위해 주님을 따라온 것은 아니지만, 믿음의 순종과 희생과 인내의 끝에 나타날 약속의 축복을 받지 못할 수도 있다는 걱정이 앞서기 때문이다. 하나님의 간섭은 아프기도 하지만, 지금까지 힘들게 빚어 이전보다 조금은 더 주님의 사랑에 합쳐지는 나를 잃기 싫어하시는 하나님의 사랑임을 알게 되었다.

그러던 어느 날 아침에 심령에서 울려나온 찬양이 "기뻐하며 경배하세 영광의 주 하나님 주 앞에서 우리 마음 피어나는 꽃 같아 죄와 슬픔 사라지고 의심 구름 걷히니 변함없는 기쁨의 주 밝은 빛을 주시네"였다.

시든 꽃을 좋아할 사람은 없다. 우리 마음이 오늘도 내일도 피어나는 꽃이 되기를 원하시는 주님이 우리에게 오늘도 밝은 빛을 주시는 것이다. 할렐루야! 하나님의 불꽃 같은 간섭은 책망이나 심판만이 아니라 보호요, 사랑이다. 나를 소중히 여기시고 빼앗기지 않으려는 하나님의 질투적 사랑이시다. 그래서 오늘도 그 사랑의 포로가 되었던 다윗의 신앙 고백을 되새긴다.

또 주의 종이 이로 경계를 받고 이를 지킴으로 상이 크니이다 자기 허물을 능히 깨달을 자 누구리요 나를 숨은 허물에서 벗어나게 하소서 또 주의 종으로 고범죄를 짓지 말게 하사 그 죄가 나를 주장치 못하게 하소서 그리하시면 내가 정직하여 큰 죄과에서 벗어나겠나이다 나의 반석이시요 나의 구속자이신 여호와여 내 입의 말과 마음의 묵상이 주의 앞에 열납되기를 원하나이다(시 19:11-14).

4장

찬양과
경배

찬미의 승리

찬미하는 곳에 승리가 있다.

이스라엘의 찬송 중에 거하시는 주여 주는 거룩하시니이다(시 22:3).

　수많은 혼돈과 변화가 일어나는 이때에 하나님 앞에서 찬미하는 사람은 그분의 보좌로부터 오는 영광으로 빛나게 될 것이다. 우리에게는 마음속으로 매일 하나님 나라의 초자연적인 실재를 경험하고 아는 것이 필요하다. 찬미가 우리를 그분 사랑의 능력을 항상 느끼게 하는 장소로 인도한다. 하나님께서는 자기 백성의 찬양 중에 거하신다. 우리는 매일 말씀뿐 아니라, 하나님을 경험하는 삶을 살아야 한다. 이것이 우리의 마음과 생각을 그분의 방향에 고정하게 한다. 우리의 초점은 그분에게 맞춰져야 하고, 또 영화롭게 해야 한다. 그렇게 할 때, 우리의 영 안에서 승리를 경험하게 될 것이다. 우리의 혼 안에 소음이 들린다면, 우리의 찬미는 그 소음보다 더 크게 들려져야 한다. 그럴 때 우리 마음의 소리, 번민, 실망, 인간적인 생각들, 곧 하나님과 관계를 단절하는 소리를 극복할 수 있다. 이런 모든 것을 쫓아내고 전심으로 우리의 목소리를 높여서 손뼉을 치고 춤을 추면서 찬송해야 한다. 우리에게는 이러한 방법으로 예배할 수 있는 자유가 있다.

의의 공효는 화평이요 의의 결과는 영원한 평안과 안전이라 내 백성이 화평한 집과 안전한 거처와 종용히 쉬는 곳에 있으려니와(사 32:17-18).

시끄러움이 없는 영과 하나 되면, 그곳에 하나님의 영광이 임하고 우리의 전 인격을 통하여 무겁게 느껴지는 그분 임재의 영광을 누릴 수 있다. 이런 변화를 통해 주님께는 아무것도 어려운 것이 없음을 알게 된다. 그분의 영광이 어려운 시기에 돌파와 축복을 가져 오고 우리의 믿음을 더욱 강하게 만든다. 이때가 우리의 믿음이 금같이 연단되는 때이며, 이 장소에서 하나님의 영광이 더 빛난다.

그 영광이 하늘을 덮었고 그 찬송이 세계에 가득하도다 그 광명이 햇빛 같고 광선이 그 손에서 나오니 그 권능이 그 속에 감취었도다(합 3:3-4).

높은 곳에 다니게 하시는 은혜

의심의 안개가 미치지 못하는 곳이 있다. 근심의 구름이 발아래 잠기는 곳이 있다. 평화는 기본이요, 감사와 찬양과 기쁨이 넘치는 곳이 있다. 그곳은 빛과 사랑이 언제나 넘친다. 그곳은 아무 열매나 소출이 없어도 모든 것의 모든 것이 되시는 여호와로 인하여 즐거워하는 곳이다. 그곳은 근원적인 인생의 문제를 해결하신 구원의 하나님으로 인하여 기뻐하는 곳이다. 그곳은 높은 곳이다. 그곳은 거룩한 곳이다. 그곳은 지성소요, 영광의 집이다. 그곳은 노래로만, 찬양으로만, 경배로만 호흡하는 곳이다. 그곳은 곧 내 맘속에 이루어진 하늘나라이다.

1. 저 높은 곳을 향하여 날마다 나아갑니다
   내 뜻과 내 정성 모아서 날마다 기도합니다
2. 괴롬과 죄가 있는 곳 나 비록 여기 살아도
   빛나고 높은 저 곳을 날마다 바라봅니다
3. 의심의 안개 걷히고 근심의 구름 없는 곳
   기쁘고 참된 평화가 거기만 있사옵니다
4. 험하고 높은 이 길을 싸우며 나아갑니다
   다시금 기도하오니 내 주여 인도하소서
5. 내 주를 따라 올라가 저 높은 곳에 우뚝 서
   영원한 복락 누리며 즐거운 노래 부르리

(후렴) 내 주여 내 맘 붙드사 그곳에 있게 하소서
     그곳은 빛과 사랑이 언제나 넘치옵니다

높은 삶으로의 부르심

1. 내 영혼이 은총 입어 중한 죄 짐 벗고 보니
   슬픔 많은 이 세상도 천국으로 화하도다
2. 주의 얼굴 뵙기 전에 멀리 뵈던 하늘나라
   내 맘속에 이뤄지니 날로 날로 가깝도다
3. 높은 산이 거친 들이 초막이나 궁궐이나
   내 주 예수 모신 곳이 그 어디나 하늘나라

(후렴) 할렐루야 찬양하세 내 모든 죄 사함받고
      주 예수와 동행하니 그 어디나 하늘나라

이 높은 곳에 다니는 삶을 위해 오늘도 나는 죄를 버리고 거룩한 곳에 선다.

이 높은 곳에 다니는 삶을 위해 오늘도 나는 여호와를 즐거워하고 기뻐하며 찬양한다.

이 높은 곳에 다니는 삶을 위해 오늘도 나는 주님의 얼굴과 영광을 사모한다.

이 높은 곳에 다니는 삶을 위해 오늘도 나는 그분의 나라(통치)와 그분의 의(의로움)를 구한다.

이 높은 곳에 다니는 삶을 위해 오늘도 나는 주님의 심장(사랑)에 가슴을 기댄다.

비록 무화과나무가 무성치 못하며 포도나무에 열매가 없으며 감람나무에 소출이 없으며 밭에 식물이 없으며 우리에 양이 없으며 외양간에 소가 없을지라도 나는 여호와를 인하여 즐거워하며 나의 구원의 하나님을 인하여 기뻐하리로다 (합 3:17-19).

이리로(높은 곳으로) 올라오라!

주님께서 우리를 높은 곳으로 부르신다. 그분은 모세를 시내산 꼭 대기로 부르셨다.

여호와께서 시내산 곧 그 산꼭대기에 강림하시고 그리로 모세를 부르시니 모 세가 올라 가매(출 19:20).

요한 사도를 하늘로 부르셨다.

이 일 후에 내가 보니 하늘에 열린 문이 있는데 내가 들은바 처음에 내게 말하 던 나팔소리 같은 그 음성이 가로되 이리로 올라오라 이 후에 마땅히 될 일을 내가 네게 보이리라 하시더라(계 4:1).

오늘날 주님은 우리 모두를 높은 곳으로 부르신다.

나의 발로 암사슴 발 같게 하시며 나를 나의 높은 곳에 세우시며(시 18:33).

주 여호와는 나의 힘이시라 나의 발을 사슴과 같게 하사 나로 나의 높은 곳에 다니게 하시리로다(합 3:19).

높은 삶으로의 부르심

이 장소는 염려와 근심, 의심과 두려움, 불평과 원망, 슬픔과 탄식, 낙심과 절망이 없다. 이곳에는 평화와 안식, 감사와 기쁨, 찬미와 경배가 있다. 하박국 선지자는 이곳을 하박국 3장 17절에서 "비록 무화과나무가 무성치 못하며 포도나무에 열매가 없으며 감람나무에 소출이 없으며 밭에 식물이 없으며 우리에 양이 없으며 외양간에 소가 없을지라도"라고 노래하였으며, 다윗은 시편 16편 11절에서 "주께서 생명의 길로 내게 보이시리니 주의 앞에는 기쁨이 충만하고 주의 우편에는 영원한 즐거움이 있나이다"라고 찬양하였다. 하나님께서 영광을 나타내실 때, 우리는 텐트를 치고 건물을 지음으로 그분의 영광을 유지하려고 해서는 안 된다는 것을 알아야 한다. 사람이 하나님께서 하시는 일을 자신의 특성과 왕국들에 주의를 돌리게 하는 것은 하나님의 영광을 상품화하는 것이다.

마태복음 17장에서 예수님께서 베드로와 요한과 야고보의 눈앞에서 변형되셨을 때, 베드로가 초막을 짓자고 하였다. 이는 하나님의 마음이 아니었다. 하나님의 영광, 곧 하나님의 아들에 대한 인증의 상징이 예수님의 얼굴에 비쳤다. 그 영광은 세상을 위한 예수님의 얼굴에 있는 하나님의 영광이었다. 그러나 베드로는 자신의 기회를 엿보았다. 그 영광을 자신들에게 한정시키려 한 것이다.

주여 우리가 여기 있는 것이 좋사오니 주께서 만일 원하시면 내가 여기서 초막 셋을 짓되(마 17:4).

이때 하늘에서 교정이 나타났다.

이는 내 사랑하는 아들이요 내 기뻐하는 자니 너희는 저의 말을 들으라(마 17:5).

이 일 후에 그들이 본 것은 오직 예수님뿐이었다.

제자들이 눈을 들고 보매 오직 예수 외에 아무도 보이지 아니하더라(마 17:8).

영광이 올 때, 우리의 초점은 그분의 음성을 듣는 것과 순종하는 것에 맞춰져야 한다. 하나님께서 하시는 일에 우리의 방법을 가미하는 덫에 빠지지 않기 위해 부흥의 영광이 몰려올 때, 우리는 사람의 말보다는 주님께만 초점을 맞추고 성령의 음성에 민감해야 한다. 그분은 그분을 향한 우리의 친밀함과 사랑을 요구하신다. 반드시 그분에게 초점을 맞추어야 하며, 세상의 보이는 것들에 눈을 돌리지 말아야 한다. 왜냐하면 사람들은 하나님의 영광을 볼 때, 육체적 반응으로 건물을 세워 하나님이 하시는 일을 건물 안에 가두는 경향이 있기 때문이다. 하나님은 올가닉(Organic)과 살아 있는 것(Alive), 움직이는 것(Moving)을 원하신다. 하나님은 나에게 "Moving Glory!(움직이는 영광)"라고 하셨다.

만약 사람이 발바닥을 하나님이 하시는 역사에 올리면, 하나님께서는 즉시로 그분의 임재와 영광을 거두어 가신다. 우리가 하나님께서 하시는 일을 나누어 가지려면 인간의 관점을 섞으면 안 된다. 이 혼합이 혼돈을 가져오고 궁극적으로 수치를 가져온다. 그러므로 우리는 머무르지 말고 지속적으로 높은 곳으로 올라가야 한다. 하나님과 그분의 보좌를 바라보고 오직 하나님께 영광을 돌리고 오직 주님만을 향한 경배를 생활화해야 한다.

다윗의 열쇠 : 영광의 영역 경배

내가 또 다윗 집의 열쇠를 그의 어깨에 두리니 그가 열면 닫을 자가 없겠고 닫
으면 열 자가 없으리라 못이 단단한 곳에 박힘 같이 그를 견고케 하리니 그가
그 아비 집에 영광의 보좌가 될 것이요(사 22:22-23).

지금 주님께서 다윗의 열쇠의 새 계시를 풀어놓으신다. 지금은 그
것의 계시와 함께 그 열쇠를 잡을 시간이다. 다윗의 열쇠는 성전 바
깥뜰(Outer Court)의 활동이 아니다. 이것은 영광이 거하는 가장 거룩
한 장소인 지성소 안으로 들어가는 것이다. 친밀한 보좌의 경배를 통
하여 하나님의 손에 잡히는 임재와 영광 안으로 들어가는 것이다. 이
는 영광의 영역 경배이다. 우리는 우리 가운데 하나님의 몸에서 감
각되는 영광이 나타나는 것을 보기 위해 반드시 보좌의 영역 안으로
밀고 들어가야 한다. 천국은 침노하는 자의 것이라는 주님의 말씀은
"밀고 들어간다(Pressing in)"는 의미이다. 바깥뜰 안에서 종교생활하
는 것으로는 들어갈 수 없다. 예수님께서 값을 치루셨고 그분의 피를
흘리셔서 열어놓은 새롭고 산 길, 곧 거룩한 곳으로 들어갈 수 있다
(히 10;19-22). 이곳에서 우리는 지상의 공기를 변화시키기 위해 필요
한 영광과 기름 부으심을 발견한다. 이로써 우리는 그분의 영광을 운
반하는 사람들이라 불리게 된다.

우리 안에 있는 그리스도는 영광의 소망이시다(골 1:27). 하나님의 영광이 변화를 창조한다. 다윗의 열쇠를 붙잡음으로 우리는 그분의 영광을 붙잡게 되고, 그분이 우리 안에 그리고 우리를 통해 나타내도록 허락하는 것이다. 우리가 이 영광의 영역 안으로 들어가는 다윗의 열쇠를 가질 때, 하나님과의 더욱 깊은 친밀함과 큰 계시와 신적 목적들에 의한 이해 안으로 들어가며, 그분의 왕국을 이 땅에 세우고 심는 기름 부음을 갖게 된다. 하나님께서 "자기에게 예배하는 자를 찾으시느니라"(요 4:23)는 말씀은 오늘날 이 땅에서 신령과 진정으로 예배하는 자, 곧 하나님의 거처(집)처럼 걸어갈 사람들을 찾고 계신다는 것이다. 우리의 사명은 하나님의 영광을 그분의 임재로부터 가져와 이 땅에 풀어놓는 것이다. 요한계시록 3장 7절에 다윗의 열쇠가 기록되었다.

빌라델비아 교회의 사자에게 편지하기를 거룩하고 진실하사 다윗의 열쇠를 가지신 이 곧 열면 닫을 사람이 없고 닫으면 열 사람이 없는 그이가 가라사대.

예수 그리스도의 계시는 기본적으로 요한이 영으로 하늘에 올라갔을 때, 가졌던 보좌의 경험이다. 그러므로 이것은 보좌의 방의 패러다임이다. 우리는 세상의 관점으로 보는 것이 아니라, 하늘의 관점으로 보아야 한다.

또 함께 일으키사 그리스도 예수 안에서 함께 하늘에 앉히시니(엡 2:6).

보좌의 방 안에서 비로소 우리를 위해 주어진 완전한 승리의 계시와 이해를 갖게 된다. 여기에서 승리 안에서 걷고 하늘의 실재들이 우리 안에 나타나는 것을 발견한다. 수년 전 8월 마지막 날 들려온 성령의 내적 음성은 "하나님의 영광은 강력하다"는 것이었다. 우리의 사명은 이 강력한 하나님의 영광을 그분의 임재로부터 가져와 이 땅에 풀어놓는 것이다. 그 결과는 부흥이요, 그 열쇠는 영광의 영역 경배이다.

다윗의 장막

다윗의 장막은 사도적이고 예언적인 교회 안에서 하나님의 임재와 영광을 추구하는 예배를 나타내는 용어가 되었다. 다윗이 드린 예배는 하나님을 기쁘게 하였으며, 하나님은 다윗의 장막에 거하셨다. 시편 132편은 다윗의 장막에 대해 묘사한 것이다. 9절에 보면, "주의 제사장들은 의를 입고 주의 성도들은 즐거이 외칠지어다"라고 하였다. 이처럼 다윗의 예배는 제사장들의 거룩함과 성도들의 찬양이 있었다. 역대상 23장 5절에 다윗이 만든 악기로 4천 명의 레위인이 찬양하였으며, 역대상 25장에 보면, 특별히 아삽과 헤만과 여두둔의 자손 중에서 특별 찬양대의 수가 280명이었으며, 120명의 제사장이 나팔을 불고 아론의 제사장 반열을 따라 24명을 세우고 24시간 예배를 드리게 하였다. 이는 그동안 드린 의식적이고 동물을 제단에 바치는 단순한 제사가 아니었다. 번제와 화목제와 함께 하나님을 찬양함으로 하나님의 영광이 임하는 예배였다. 이 영광이 임할 때에 기뻐서 춤을 추는 예배였다.

　이사야 선지자는 이사야서 16장 5절에서 "다윗의 장막에 왕위는 인자함으로 굳게 설 것이요"라고 하였다. 하나님을 예배함으로 하나님을 기쁘게 할 때, 하나님의 보좌와 그분의 통치가 임했고 그분의 왕권은 굳게 섰다. 이는 곧 하나님의 다스리심과 그분의 나라의 무궁함을 예고하는 것이다. 오늘날 다윗의 장막은 예언적 예배의 기름 부음을 말한다. 시편 40편 6절에서 다윗은 하나님께서는 "제사와 예물을 기뻐 아니하시며 번제와 속죄제를 요구치 아니하신다"라고 하였다. 물론 모세의 율법에는 하나님이 원하시는 것이라고 하였다. 그러나 다윗은 계시를 통해 그것을 넘어서는 신약적 예배, 관계적 예배, 친밀한 인격적 관계의 예배를 드리게 되었던 것이다. 계시 중에 하나님을 직접 예배하는 자신을 본 것이다. 영 안에서 전통적인 동물 제사를 넘어서는 새로운 예배를 드린 것이다. 노래하는 자, 악기를 연주하는 자들과 모든 백성과 함께하는 새 방법의 예배를 발견한 것이다. 그럴 때, 하나님의 임재와 영광이 예루살렘 전체에 임하였다.

　예수님께서 십자가에서 육체를 찢으심으로 예루살렘 성전의 휘장을 찢으시기 전에 다윗은 이미 이 계시를 보고 하나님을 예배하게 된 것이다. 하나님은 오늘날 이처럼 새로운 계시적 예배를 드리는 자들을 찾고 계신다. 하나님을 찬양하고 예배할 때, 하나님의 역사를 선포하고, 거기에 곡조를 붙여 노래하며 춤을 추고 깃발을 흔들며 하나님을 기뻐하는 예배이다. 이처럼 다윗의 장막 예배는 모두가 기뻐하며 목소리를 높여 하나님을 찬미하는 것이다. 이러한 예배에 하나님의 임재와 영광이 나타나고 하나님의 통치가 나타나 놀라운 치유와 이적과 기사들이 나타나고 수많은 영혼이 주께로 인도되는 영혼 추수의 역사가 나타날 것이다. 이러한 다윗의 장막에 하나님의 인자하심이 임하는 것이다.

예언적 경배

주님의 재림이 가까운 마지막 때에 흑암은 점점 깊어지고 어두움은 세상을 덮을지라도 여호와의 영광은 그분의 백성에게 임하고 머물 것이다. 지금은 하나님의 백성이 성소에서 지성소로, 기름으로 밝히는 등잔불(메노라) 영역에서 초자연적인 하나님의 빛이 비취는 영광의 영역으로 밀고 들어갈 때이다. 점점 더 묵직한 임재와 영광이 그분의 백성에게 임할 것이며, 그 영광의 결과는 물이 바다를 덮음같이 온 세상을 덮는 놀라운 영혼들의 추수가 될 것이다. 하나님께서 이러한 목적으로 이 영광의 임재와 광채를 소유하기 위해 자신을 굴복시키는 자들을 높은 곳으로 부르신다. 이를 위해 무엇보다 경배에 대한 새로운 이해가 필요하다.

경배는 하나님이 어떤 분이신가를 노래하고 선포하는 것이다. 우리가 온 마음으로, 모든 것보다 더욱 주님을 경배할 때, 감각할 수 있는 영광이 점점 더 증가할 것이다. 예언적 경배는 하늘과 땅과 만물의 소리와 노래들을 듣고 그러한 노래들을 노래하여 하나님께 들려드리는 찬양이다. 또한 하나님께서 자신을 노래하는 것을 듣는 것이다.

너의 하나님 여호와가 너의 가운데 계시니 그는 구원을 베푸실 전능자시라 그가 너로 인하여 기쁨을 이기지 못하여 하시며 너를 잠잠히 사랑하시며 너로 인하여 즐거이 부르며 기뻐하시리라(습 3:17).

오직 성령의 충만을 받으라 시와 찬미와 신령한 노래들로 서로 화답하며 너희의 마음으로 주께 노래하며 찬송하며(엡 5:18-19).

성령을 따라 노래하는 것은 궁극적으로 하나님과의 소통이다. 하나님께서 노래하시고 우리가 그 노래를 듣고 그분에게 노래를 들려 드린다. 하늘의 소리를 들으면서 악보 없이 즉석으로 천사들과 같이 하나님의 영광을 찬송할 때, 빛과 번개가 보인다. "Lightening of God"이는 영적으로 "Prophetic Impartation(예언적 전이)"를 의미한다.

그 영광이 하늘을 덮었고 그 찬송이 세계에 가득하도다 그 광명이 햇빛 같고 광선이 그 손에서 나오니 그 권능이 그 곳에 감추었도다. 온역이 그 앞에서 행하며 불덩이가 그 발밑에서 나오도다(합 3:3-5).

하나님의 빛(번개)은 그분의 임재와 영광을 나타낸다. 그 빛은 계시적 빛이요, 진리와 능력의 빛이다. 권위와 다스림과 치유의 빛이다. 계시록 4장 5절의 천상 예배에 하나님의 보좌가 임한다. 하나님께서 그분 백성의 찬양 속에 임하시고, 하늘의 영광이 보여질 때, 음성들, 번개, 천둥이 나타난다. 이러한 하나님 영광의 파도가 우리의 경배에 임할 때, 환상과 음성과 예언적 은사가 증가한다. 우리는 그

높은 삶으로의 부르심

분의 거룩함의 아름다움 안에서 그분을 경배해야 한다. 그분은 경배 받기 합당하시며 전능하시고 유일하시며 왕 중의 왕이시다.

다윗은 시편 29편 1-3절에서 "너희 권능 있는 자들아 영광과 능력을 여호와께 돌리고 돌릴지어다 여호와의 소리가 물 위에 있도다 영광의 하나님이 뇌성을 발하시니 여호와는 많은 물 위에 계시도다"라고 노래하였다. 다윗은 강한 용사들은 거룩함의 아름다움 안에서 주님을 예배할 것이라고 하였다. 거룩함이 강력함이다. 하나님이 얼마나 거룩하신가를 아는 아름다움이 요구된다. 그분의 거룩함의 영역 안에 있는 것이 그분 영광의 영역 안에 있는 것이다. 오늘날 이 거룩한 예언적 경배의 군대를 하나님께서 일으키신다. 예언적 영광의 경배 안에서 우리가 하나님의 승리를 담대히 외칠 때, 예언적·계시적 영광의 영역이 우리에게 열리게 되는 것이다. 이것이 예언적 경배요, 영광의 영역 경배이다.

찬미하고 춤추기

두 번이나 주님께서 춤을 추라고 하셨다. 2010년에 "새 장소에 가면 춤을 추어야 한다"고 말씀하셨으며, 2014년 12월 31일에 "내년에는 반드시 춤을 추어야 한다. 그렇지 않으면 무엇인가 놓칠 것이다"라고 하셨다. 처음 그 음성을 듣자마자 장소는 옮겼지만, 어떻게 춤추어야 하는지 몰라서 춤을 추지 못하였다. 주님은 "나의 자녀들이 나를 찬미하고 춤추기를 부끄러워한다"고 말씀하신다. 한국 교인들이 하나님을 기쁘게 하는 일의 가장 큰 걸림돌은 유교의 영이다. 주님을 사랑하는 사람들조차도 부끄러워하고, 위신이나 체면 때문에 심지어 성령의 감동까지도 거부하는 경우가 허다하다. '남이 어떻게 볼까?' 하는 생각과 사회적 선입견이 하나님의 명령을 순종하는 일을 가로막는 것이다. 성경은 "춤추며 그의 이름을 찬양하며 소고와 수금으로 그를 찬양할지어다"(시 149:3), "나팔 소리로 찬양하며 비파와 수금으로 찬양할지어다"(시 150:3)라고 명령한다. 이스라엘 민족이 애굽에서 해방되고 홍해를 육지같이 건넌 후에 그들을 추격하던 애굽 군대가 바다에 수장되었을 때, 한 일이 춤을 추고 하나님을 기뻐한 것이었다.

> 아론의 누이 선지자 미리암이 손에 소고를 잡으매 모든 여인도 그를 따라 나오며 소고를 잡고 춤추니 미리암이 그들에게 화답하여 가로되 너희는 여호와를 찬송하라 그는 높고 영화로우심이요 말과 그 탄 자를 바다에 던지셨음이로다 하였더라(출 15:20-21).

이처럼 춤은 하나님을 경배함에 있어 찬양과 함께 가장 높은 차원의 예배이다. 다시 말해, 하나님은 그분의 백성이 춤을 추며 찬양하는 것을 기뻐하신다. 두 번째 음성을 듣고서야 놓친 것이 그렇게도 기다리던 영광의 부흥임을 알고, 2015년 1월부터 3년간 매주 토요일에 1시간 30분씩 하나님을 찬양하며 춤추었다.

춤추고 찬양하는 것은 영적 차원에서 나는 것이다. 강력한 기도가 말을 타고 달리는 것이라면, 춤추고 찬양하는 것은 날개를 달고 나는 것이다. 말이 아무리 빨리 달려도 강이 있으면, 산이 있으면

높은 삶으로의 부르심

달릴 수 없다. 그러나 찬양하면서 날면 강과 산도 모두 넘어갈 수 있다. 날기 위해서는 날개가 필요하다. 춤을 추는 것은 찬양에 날개를 다는 것이다.

극진한 찬양은 춤추는 것이며 나는 것이다. 내 영이 노래하는 것이다. 내 영광이 찬양하는 것이다. "성도들은 영광 중에 즐거워하며 저희 침상에서 기쁨으로 노래할지어다"(149:5), "이런 영광은 그 모든 성도에게 있도다"(시 149:9)라고 하였다. 여기에 위신이나 체면은 없다. 다른 사람의 눈과 생각은 아무 의미가 없다. 내가 육에 있지 않고 영에 있기 때문이다. 내 영이, 내 영광이 하나님을 신령과 진정으로 예배하고 있기 때문이다. 얌전히 앉아서 입술만 움직일 뿐 진정으로 찬양함이 무엇인지 몰랐던 예전의 종교생활에서 이제 영광에서 영광으로 이름이 오직 주의 영으로 말미암음인 것을 체험하고 있기 때문이다(고후 3:18). 다윗은 죽음의 위협 앞에서도 주님으로 인해 마음의 기쁨과 영혼의 자유를 이렇게 고백하였다. "내가 여호와를 항상 내 앞에 모심이여 그가 내 우편에 계시므로 내가 요동치 아니하리로다 이러므로 내 마음이 기쁘고 내 영광도 즐거워하며 내 육체도 안전히 거하리니"(시 16:8-9).

히브리 원어에는 육체와 마음과 내 영광도, 곧 내 영도 즐거워한다고 하였다. 그리고 영어 성경에는 내 영광도 즐거워한다는 말을 "My tongue rejoices"라고 표현하였다. 내 마음이 하나님을 기뻐하여 입술과 혀로 하나님을 찬송한다는 것이다. 이는 내 영광으로, 내 영으로, 또 내 입술과 혀로 즉, 온 육체와 마음과 영으로 하나님을 찬송하는 것이다. 오래 전에 나를 향한 예언의 말씀이 주어졌다. 찬양과 춤에 대하여, 나는 것에 대한 것이다.

"하나님께서 너를 위해 예비해 둔 어떤 것이 있다. 그런데 그것은 뛰어오르거나 달려도 미치지 못하는 곳에 있으니, 그것은 곧 공중에 있는 것이기에 그러하다. 너는 날아야만 너를 향한 하늘의 선물을 취할 수 있다. 많은 사람에게 이 시즌은 말을 타는 것이지만, 너에게 지금은 날 때이다. 네가 날기 위해서 예언적 꿈과 비전들을 갖게 될 것이다."

결국 성령세례 받은 33년 동안에 힘썼던 기도의 차원을 넘어서서 불세례와 하나님의 영광을 체험한 지난 15년간의 나는 훈련은, 곧 하나님을 향한 영의 찬양을 통한 영역이 될 것을 보이신 것이다. 이 기간에 수없이 나는 꿈을 꾸었다. 그리고 현실에서는 춤을 추며 하나님을 찬양하였다. 왜냐하면 그 인내의 기간에 내 믿음의 한계를 체험하였고, 하나님을 믿는 믿음에서 하나님의 믿음을 갖게 하셨고, 나에게 맡겨진 시대적인 하나님의 약속들은 나의 힘과 노력과 심지어 기도나 믿음의 도전으로도 성취할 수 없는 하늘(공중)에 속한 것임을 알았기 때문이다. 오직 기도라면 "내 원대로 마옵소서. 나의 뜻을 파괴시켜 주옵소서. 오직 아버지의 원대로 되게 하옵소서"이며, 나에게 주어진 시대적 사명을 위해 내가 할 수 있는 최상의 방법은 하나님의 "춤을 추라"는 명령에 순종하여 춤추며 그분을 찬송하며 최대한 기쁘게 하는 것뿐이었다. 이럴 줄 알았으면 춤이라도 배울 것 하는 생각이 잠깐 들기도 했지만, 이는 배워서 추는 춤이 아니다. 그렇다고 춤 동작을 연습해서 보여 주는 워십 댄스도 아니다. 그냥 하나님을 기뻐하여 온몸으로 그분을 높이고 찬양하는 것이다.

"나의 자녀들이 춤추며 나를 찬양하는 것을 부끄러워하고 있다"고 하셨다. 지금은 위신과 체면의 겉옷을 벗어 버리고 다윗처럼 기쁨으로 춤추며 뛰놀며 찬양할 때이다(대상 15:29). 이것이 하나님의 임재인 법궤를 모시는 방법이며, 마지막 승리의 비결이다. 전쟁은 여호와께 속했다(삼상 17:47). 춤추고 하나님을 찬송하면 승리는 내 것이다. 마지막 때에 쓰임받을 용사들은 춤추며 찬양하는 자들이다. 더는 걷거나 뛰거나 심지어 말을 타고 달리는 자들도 아니요, 찬양의 날개를 달고 영으로 나는 자유자들이다. 최대의 관건은 다윗처럼 종교의 영과 옛 기름 부음의 관습의 옷을 던져 버리고 춤추며 뛰놀 수 있도록 하나님을 기뻐할 수 있느냐에 달려 있다. 또한 위신과 체면, 부끄러움, 다른 사람이 어떻게 볼까 하는 유교의 영의 장벽을 뛰어넘어 하나님의 영광에 취해 내 영과 내 마음이 명령하는 대로 몸을 흔들며 찬양할 수(날 수) 있는가에 달려 있다.

나는 선포한다. "내가 예수 그리스도의 이름으로 명하노니 춤추며 하나님을 찬양하는 것을 가로막는 모든 종교의 영, 유교의 영, 외식의 영은 지금 떠나갈지어다!"

참된 영혼의 자유와 기쁨은 주님을 찬양하는 데 있다. 그것도 손을 들고 춤을 추며 여호와를 송축하는 것이다.

내 영이 주를 찬양합니다(춤추며) 내 영이 주를 찬양합니다(뛰놀며)
내 영이 주를 찬양합니다(날며) 내 영이 주를 찬양합니다(체면의 옷을 벗어 던지고)
기뻐하라 나의 영혼아 감사하라 손을 들고 송축하라 주를 향해 외치라

기뻐하라 나의 영혼아 손을 들고 송축하라 나의 영혼아

기뻐하며 승리의 노래 부르리 그 백성 주가 회복시키시네
그 사랑으로 억눌렀던 자 모아 칭찬과 명성 얻게 하시네
전심으로 기뻐하리 전능의 왕 함께 하시네
기뻐 외치며 주께 두 손 들리 춤을 추며 왕께 찬양해
모든 원수를 멸하신 주님 전능의 왕 함께 하시네

주는 영이시니 주의 영이 계신 곳에서는 자유함이 있느니라(고후 3:17).

극진한 경배 찬양

2007년 2월 6일 새벽 2시경이었다. 일찍 잠에서 깬 나는 누워서 경배 방언 찬양을 하다 보니 한순간에 내 영이 천국에 있는 것을 느꼈다. 앞에 있는 큰 대문을 밀자, 연기구름이 자욱하고 빛이 찬란하였다. 찬양이 터져 나왔다.

감사함으로 그 문에 들어가며 주의 궁정에 들어가
주께 감사드리며 그 이름을 송축할지어다

주의 인자는 끝이 없고 그의 자비는 무궁하며
아침마다 새롭고 늘 새로우니 주의 성실이 큼이라 성실하신 주님

새벽 3시 40분경이었다. 깨었는지, 잠이 잠깐 들었는지 비몽사몽 간에 천국에서 찬양하고 있는 나 자신을 발견하였다. 하나님의 보좌 앞 내 자리에 앉아 있었다.

또 함께 일으키사 그리스도 예수 안에서 함께 하늘에 앉히시니(엡 2:6).

온몸이 녹는 황홀한 경험이었다. 계속적으로 찬양이 터져 나왔다.

내 영혼이 은총 입어 중한 죄 짐 벗고 보니
슬픔 많은 이 세상도 천국으로 화하도다
할렐루야 찬양하세 내 모든 죄 사함 받고
주 예수와 동행하니 그 어디나 하늘나라

실제로 내가 영으로 찬양하고 있었다. 기쁨이 한없이 밀려 왔다.

영광일세 영광일세 내가 누릴 영광일세
은혜로 주 얼굴 뵈옵나니 참 아름다운 영광이로다

찬송하라 여호와의 종들아 주님 앞에 서 있는 자들아
성소 향해 손을 들고서 찬송하라 찬송하라

심령에 천국이 이루어지고 있었다. 감사함으로 우리가 천국의 문 으로 들어가는 것이다. 우리가 찬양으로 기쁨의 나라로 들어가는 것 이다. "기쁨의 그 나라가 이제 다시 오리라." 그것도 매일이다. 주님은 천국은 침노하는 자의 것이라고 하셨다. 감사와 찬양으로 천국으로 밀고 들어갔다. 그렇게 계속되던 감사와 찬양이 "경배합니다. 사랑합니다"로 바뀌자 천국의 한 곳에 이르렀는데, 주님의 발밑이었다. 말할 수 없는 그 친밀함, 그 기쁨에 몸이 녹는 것 같았다. 그것은 하나님 영광의 아름다움이었다. 주님이 밤중에 나를 교훈하신 것이다. 날마다 주님께 감사하고 찬송하면, 날마다 내 안에 감사가 있고 기쁨이 있다. 날마다 주님 앞으로 나아가 경배하고 온몸과 마음과 뜻과 정성을 다해 사랑한다고 고백하면, 그분의 보좌와 천국을 경험하게 된다.

다음날 2월 7일 새벽에 꿈을 꾸었다. 누가 피아노를 연주해서 옆에서 음정을 맞추느라 애쓰다가 경배 방언으로 천사의 튠(음정)을 찾아 따라 하게 되었다. 천사가 '획'하며 나의 입술을 낚아 채 올려 그들의 튠으로 올린 것 같았고, 천국의 내 자리를 찾아 천사들의 경배에 참예하는 경험을 하였다. 그러다 "이제 내려가자" 하는 음성을 들었다. 이틀간의 영적 경험을 통해 알게 된 것은,

1. 감사와 찬양이 경배로 이끈다.
2. 경배는 천국 문을 여는 것이다.
3. 경배 방언을 통해 천사들의 튠에 합류하게 되었다.
4. 구원받은 위치가 하나님의 보좌 앞임을 경배 찬양을 통해 체험하였다.
5. 힘든 상황에서도 영으로 찬양하고 경배하면, 천국의 기쁨, 하나님의 아름다움, 곧 그분의 영광을 경험하게 된다.

높은 삶으로의 부르심

6. 셋째 하늘과 변화산의 초자연적인 경험을 한 후에는 세상으로 내려가서 우리의 사명을 감당해야 한다.

7. 이러한 영광의 경험을 많이 하면 할수록, 세상 속에 하나님의 영광을 가져갈 수 있다.

엉덩이를 실룩실룩(1)

2016년 5월, 서울 신정동 둘째 날 낮 집회에서 지체 부자유 자매가 세 살 아이 같은 표정과 모습으로 앞에서 율동하며 찬양하는 것을 보았다. 엉덩이를 좌우로 실룩실룩하며 오른손바닥을 거울처럼 얼굴이 가는대로 따라 흔들다가, 후렴에 가서는 왼손바닥을 얼굴에 흔들며 기뻐하는 모습이었다. 다른 사람들이 자신을 어떻게 생각하든 재롱부리는 천진난만한 세 살 아이의 모습과 표정 속에서 아름다운 마음을 보았다. 어떤 사람들은 보기 민망하다고 목사님께 못하게 하라고 말했지만, 자매는 아랑곳하지 않고 두 차례나 하나님께 영광을 돌렸다. 저녁 집회에서는 내가 앞장서고 모두들 그 자매를 따라 엉덩이를 실룩실룩, 손을 양옆으로 흔들며 하나님의 아름다운 자녀임을 기뻐하였다. 어쩌면 하나님 보시기에 우리 모습보다 그 자매가 더 아름다울 것이다. 하나님과 자신 사이에 아무것도 두지 않았기 때문이다. 하나님만 생각하는, 하나님만 찬양하는 단순함이 어떤 사람들에게는 먼 이야기일 수도 있다.

다음 책을 준비하면서 10여 년 전에 주님이 주신 음성들을 적은 영적 일기를 열어 보았다. 주님께서 "너와 나 사이에 아무것도 두지 마라. 그러면 너를 쓴다"라고 하신 말씀을 다시 보았다. 이제야 이 말씀의 참 의미를 알게 되었고 준행하게 되었다. 우상숭배는 하나님과 나 사이에 다른 어떤 것을 놓는 것이다. 그 자매는 정신과 지체가 부자유하기 때문에 다른 생각을 가질 수 없었다. 오직 하나님만 보았고, 하나님이 보시기에 아름다웠던 것이다. 앞에 나와서 하나님께 영광을 돌리라고 사람들 앞에 세우는 목사님도 훌륭한 차원을 넘어 참 영혼의 목자이다.

어떤 집회에서 목사님이 찬양을 하자. 이 자매가 천천히 일어서서 앞으로 나와 목사님을 보며 율동하였다. 그 후부터 집회 때마다 나와서 하나님께 영광을 돌리게 하였는데, 그 모습이 좀 민망할 수 있지만, 자매 안에 있는 아름다운 하나님의 형상을 보고 참석자들도 자신의 모습을 돌아보았을 것이다.

목사님 댁에서 3시간 정도 자고 일어나 묵상하다가 10분 거리에 있는 목욕탕에 갔다. 목욕을 마치고 밖으로 나온 시간이 7시 10분경이었다. 그때 내 몸이 절로 움직이며 엉덩이를 실룩실룩하고 손거울을 보듯 손바닥을 얼굴에 대며 내려왔다. 많은 사람이 바쁘게 움직이는 그 대로변에서 말이다. 성령의 술에 취해도 마찬가지이다. 이제는 기름 부음의 막이 내리고 영광의 막이 열렸다. 기름 부음, 성령 충만도 항상 충만할 수 없기 때문에 이제는 하나님의 불에 삼켜져야 한다. 영광의 장막에 덮여야 한다. 그래야 넘어지지 않고 흘러넘칠 수 있다. 하나님의 불과 영광에 삼켜져야 한다. 부흥의 영광이다(Revival Glory). 움직이는 영광이다(Moving Glory). 영광의 열차이다(Glory Train).

어떤 목사님을 위해 기도할 때, 구름(영광) 위로 가는 기차를 보여 주셨다. 마지막 대부흥, 대추수는 영광의 부흥이다. 물이 바다를 덮음 같이 여호와의 영광을 인정하는 것이 세상에 가득한 부흥이다. 주님 오실 때까지 쇠하지 않을 이 부흥을 이끌어 갈 두 기둥은 영분별과 사랑이다. 예언 은사를 넘어선 영분별과 육신 치유를 넘어선 영혼 치유를 위한 사랑인 것이다. 그 사랑의 눈에 보인 것이 '엉덩이를 실룩실룩'이었다.

엉덩이를 실룩실룩(2)

지체가 부자유한 순수한 자매의 모습은 하나님께는 당연하고 아름다울 것이다. 나 역시도 특순으로 노래, 몸 찬양, 부채, 작은 장구 등으로 하는 찬양보다 훨씬 은혜로웠다. 자매가 엉덩이를 실룩실룩, 손바닥을 거울처럼 얼굴에 대고 하나님을 기쁘게 할 때, 참석한 성도들의 반응은 세 가지였다. 어떤 사람들은 정면으로 보기 힘들어 했다. 또 어떤 사람들은 눈이 왔다 갔다 하였다. 나머지 사람들은 집중해 보며 기쁜 표정을 지었다. 강대상에 서 있던 목사님도, 앉아 있던 나도 내려와 좌우에서 몸을 흔들었다. 양 손바닥을 얼굴 가는 대로 흔들며 어린아이가 된 것 같이 하나님께 몸으로 춤추며 하나님을 기쁘게 하니 우리도 기뻐 웃음이 나왔다.

불세례 가운데 6개월 동안 하나님의 영광을 경험하는 것을 본 사람들이 몰려와 모임이 시작되었다. 그때 유학 온 20대 후반의 난쟁이 자매가 은혜를 받고 예언 은사가 임하였다. 집사님과 목사님들도 그 자매에게 기도를 받았다. 자매의 키는 여덟 살 막내 베키와 같았고, 우리 가족과 함께 걸어가면 사람들은 자매를 의식하지 못할 정도였다. 마치 베키의 친구처럼 느껴졌기 때문이다.

3년간 영광의 임재 안에 있다가 LA로 나간다는 음성을 듣고 준비하고 있을 때, 우리를 누구보다 잘 도왔던 분이 그 자매를 데려가면 목사님의 사역에 마이너스가 될 것이라고 하였다. 그분의 마음을 모르는 바는 아니었다. 그러나 좋은 것이 가장 좋은 하나님의 것을 놓치는 경우가 우리에게 허다하다는 것을 알아야 한다. 결국 자매는 비자 때문에 장애인 선교단으로 가게 되었다. 지체 부자유한 송명희 시인을 통해 한국 교회가 얼마나 많은 은혜를 받았는가.

한참 하나님의 영광을 경험할 때는 몸과 팔이 무거워 포크를 들 수 없어서 식사를 마치지 못하고 주차장으로 기다시피해서 간 적도 있다. 2016년 한국 집회 당시 목사 안수를 받은 지 27년이 넘었고, 두 명의 손자가 있는 내가 60이 넘어 집회 강사로 온 것이 너무 즐겁고 기뻤던 것은 하나님의 불에 태워지고 그 영광에 삼켜져 녹아내렸기 때문이다. 그 당시 하나님의 영광이 나를 들어 몸무게를 느끼지 못할 정도였고, 마치 달 위를 걷는 것 같은 경험을 나흘이나 하였다.

이제 집회에서 집단적으로 뱃속에서부터 올라오는 통곡이 일어나고 불과 영광이 임하면, 하나님 영광의 묵직한 임재에 그토록 자아 굴복이 힘들었던 모든 사람이 한순간에 무너져 내릴 것이다. 오래된 건물이 무너지고 치워져야 새롭고 높은 건물을 지을 수 있듯이 말이다. 자아 굴복만 아니라 진정으로 엎드려 경배하게 될 것이다. 그리고 다시 넘어지지 않을 것이다. 그리고 진정한 웃음이 회복될 것이다. 어린아이는 하루에 300~400번 웃는 반면에 성인은 하루 평균 14번 웃는다고 한다. 나이를 먹을수록 잘 웃지 않는 것이다. 문제가 생기면 아예 웃음을 잃기도 한다. 요즈음은 웃음 세미나에 회비를 내고 참석한다는데, 달밤에 체조하듯이 다른 사람 눈치 안 보고 엉덩이를 실룩실룩하고, 어린아이처럼 천국을 소유하듯 기뻐하면 하늘의 유익을 얻는 것이다.

하나님을 기뻐하면 근심은 얼씬거리지도 못한다. 기도보다 찬양이다. 기도송, 믿음송도 아닌 하나님만을 향한 극진한 찬양과 경배이다. 무엇보다도 중요한 영적 교훈을 얻었다. 하나님은 영이시니 우리가 영으로 찬양과 예배를 드려야 한다는 것이다. 육이 주장하는 사람은 육체의 부자유스러운 지체와 모습만 보여서 눈을 회피하였다. 혼(정신)적으로 보는 사람은 성령을 받았어도 육과 영 사이에 있기 때문에 보기는 보아도 눈의 초점이 왔다 갔다 했다. 영으로 보는 사람은 "저 자매도 저렇게 하나님을 기뻐하는데" 하며 같이 기뻐하였다. 육체의 눈으로 보면 회피한다. 혼적으로 보면 보기는 하지만 민망하다. 오직 영으로 보는 사람들만 같이 기뻐할 수 있다. 우리는 영으로 구원받았다. 나중에는 육체도 구속받겠지만, 지금은 영으로 구원받은 것이다. 그러므로 영이신 하나님과 합하여 영의 것들을 볼 수 있어야 한다. 육에 속한 것들로는 하나님을 기쁘게 할 수 없다. 오히려 보이지 않는 하나님보다 사람을 의식해서 누구를 위한 찬양인지, 워십인지 본질을 잃어버릴 수 있다. 오직 신령과 진정으로 영이신 하나님을 예배할 수 있으며, 그분을 기쁘게 할 수 있다. 매일 영으로 하나님을 기쁘게 함으로 어린아이처럼 천국을 소유하자. 은혜이다. 영광이다. 그 자매의 몸 찬양을 통해 나도 그 기쁨을 새롭게 알았다. 오늘도 주님의 기쁨이 임하여 아무도 안 볼 때, 엉덩이를 실룩실룩하며 어린아이처럼 하나님을 노래하고 춤추기 원한다. 오직 주님만 보면서 말이다.

주께서 나의 슬픔을 변하여 춤이 되게 하시며 나의 베옷을 벗기고 기쁨으로 띠 띠우셨나이다 이는 잠잠치 아니하고 내 영광으로 주를 찬송케 하심이니 여호와 나의 하나님이여 내가 주께 영영히 감사하리이다(시 30:11-12).

신부된 교회의 노래

그리스도의 신부된 교회로 전환되어 가는 교회 회복 운동의 여정 가운데 하나님을 극진히 찬양하는 세대가 일어날 것이다. 하나님의 영광이 있는 지성소 안으로 들어가기 전에 놓여 있는 향단의 향이 극진한 찬양을 상징하는 것처럼, 주님이 오셔서 지상의 교회를 영원한 교회로 변형시키기 전에 극진한 찬양이 영광의 영역으로 들어가는 길을 준비하게 될 것이다. 이처럼 극진한 찬양은 하나님 영광의 영역에 들어가는 통로가 되며, 그 영광의 영역 안의 모든 초자연적이고 창조적인 역사들을 자연적인 상황 속에 풀어놓는 열쇠가 될 것이다. 그러므로 다가온 영광의 부흥을 위해 찬양과 경배의 본질에 대한 재해석과 바른 실행이 무엇보다 중요한 시점에 오늘의 교회가 서 있다.

하루는 어떤 젊은 목사님의 교회 창립기념일에 초대받았다. 식사 후에 간단히 예배드리고, 워십팀이 준비한 것을 보여 준다고 하였다. 그 말을 들으면서 한국 교회 안에 찬양과 경배에 대한 잘못된 인식이 심각하다는 것을 알게 되었다. 워십팀이 찬양하고 율동하는 그 자체가 하나님을 예배하는 것이 되어야지, 예배 마치고 사람들에게 보여 주거나 공연하는 것이 되어서는 안 된다. 성경적인 찬양과 워십(경배)은 하나님께 올려지는 것이어야 한다. 그러지 않은 것은 기도나 간구송이요, 복음송이나 전도송이지 하나님을 높여 드리는 찬송이나 찬양은 아니다.

찬양(Praise)은 하나님께서 어떤 일을 행하셨는지, 어떤 일을 하고 계시는지, 어떤 일을 행하실 것인지를 노래하는 것이요, 경배(Worship)는 하나님이 누구신지를 선포하는 것이다.

앞으로 하나님께서 극진한 찬양과 경배를 통해 회복된 교회를 이전에 경험하지 못한 영광의 영역 높은 곳으로 데려 가실 것이며, 지상의 교회는 점점 더 하늘의 찬양과 경배의 영역을 맛보게 될 것이다. 다윗은 시편 132편 7절에서 "우리가 그의 성막에 들어가서 그 발등상 앞에서 경배하리로다"라고 하였다. 다윗은 극진한 찬송을 통해 영으로 하나님의 발등상 앞에 경배하는 영광의 경배를 체험하였다. 감사함으로 성소의 문으로 들어가며, 극진한 찬양으로 거룩한 영광의 임재 안으로 들어가는 것이다. 회복된 교회는 이제 점점 더 하나님 임재의 충만함 안에서 하나님을 찬양하고 경배함으로 도시와 열방에 하나님의 영광을 나타내게 될 것이다. 그러므로 극진한 찬양은 하나님께 올려드리는 신부된 교회의 노래이다.

여호와는 광대하시니 극진히 찬양할 것이요(시 96:4).

5장

영의 노래

영의 찬미

2009년 10월 1일 밤새도록 내 안에서 터져 나온 찬송이 〈내 영이 주를 찬양합니다〉이다. 주님께 가까이 갈수록 내 영에서 나오는 찬송은 더이상 기도송이나 간구송이 아니다. 복음송도 신앙 고백송도 임재송도 은혜송도 아니다. 하나님이 받지 않으시는 찬양은 소용없다. 그것은 부르는 사람의 자기 만족이요, 사람을 즐겁게 하는 노래일 뿐이다. 영의 노래는 영이신 하나님만을 찬양하는 것이다. 영의 노래는 가장 높은 옥타브로 노래하는 것이다. 천사들 영역의 노래이다. 아무것도 없어도 여호와로 인하여 기뻐하는 가운데 나오는 노래이다. 상황을 초월하여 높은 곳에 다니는 사람들의 노래이다.

비록 무화과나무가 무성치 못하며 포도나무에 열매가 없으며 감람나무에 소출이 없으며 밭에 식물이 없으며 우리에 양이 없으며 외양간에 소가 없을지라도 나는 여호와를 인하여 즐거워하며 나의 구원의 하나님을 인하여 기뻐하리로다

높은 삶으로의 부르심

주 여호와는 나의 힘이시라 나의 발을 사슴과 같게 하사 나로 나의 높은 곳에 다니게 하시리로다(합 3:17-19).

이것을 발견한 다윗은 아들 압살롬의 난을 피할 때에 "여호와여 주는 나의 방패시요 나의 영광이시요 나의 머리를 드시는 자니이다"(시 3:3)라고 노래하였다. 그는 고난 중에서도 여호와를 찬송하였다.

여호와는 나의 힘과 나의 방패시니 내 마음이 저를 의지하여 도움을 얻었도다 그러므로 내 마음이 크게 기뻐하며 내 노래로 저를 찬송하리로다(시 28:7).

바울과 실라는 이것을 실천하였다. 온몸이 만신창이가 되어 발이 쇠사슬에 묶인 감옥에서 입술과 마음으로 노래할 수는 없다. 그러나 하나님을 기뻐하고 찬미했다는 것은 입술의 노래도, 마음의 노래도 아니요, 오직 환경과 처지를 초월하는 구속받은 영에서 나오는 노래이다.

밤중쯤 되어 바울과 실라가 기도하고 하나님을 찬미하매 죄수들이 듣더라 (행 16:25).

영의 노래를 부르게 하기 위해 하나님께서 우리를 창조하시고 구속하셨다. 내 영 안에서 찬양이 계속 나오는 것은, 예전에 그렇게 기도를 많이 하면서도 근심과 염려 그리고 낙심과 원망에 사로잡힌 적이 한두 번이 아니었기 때문이다. 이제부터 내가 사는 것은 나를 구속하신 하나님의 은혜를 찬미하기 위해 사는 것임을 알게 하신 것이다.

이 백성은 내가 나를 위하여 지었나니 나의 찬송을 부르게 하려 함이니라
(사 43:21).

이는 우리의 기업에 보증이 되사 그 얻으신 것을 구속하시고 그의 영광을 찬미
하게 하려 하심이라(엡 1:14).

독일의 대문호 괴테는 "내 인생을 통틀어 정말 즐거운 시간은 4주
도 안 된다"고 하였다. 독일의 재상 비스마르크도 '행복한 순간은
24시간이 넘지 않는다. 행복은 스스로 찾아 나서고 더 많이 느끼려
노력할 때 늘어난다"고 하였다. 그렇다면 100년, 120년을 살아도 인
생의 창조 목적인 하나님을 찬미하는 삶이 되지 않으면 잘 산다고 볼
수 없다. 우리가 아무리 오래 살아도 영원한 세월 속에 한순간에 지
나지 않는다. 하나님의 형상으로 지음받은 우리의 영은 삶이 아무
리 힘들어도, 몸이 아프고 괴로워도, 마음이 심히 무거워도 하나님
을 찬양하며 독수리 날개침 같이 높이 올라갈 수 있다. 우리의 영 깊
은 곳에서 끌어올려져 높고 높은 하나님의 보좌에 이를 수 있는 노래
는 오직 하나님을 찬미하는 영의 노래이다. 영의 노래는 하나님의 이
름, 하나님의 성품, 하나님의 역사를 노래하는 것이다. 그래서 오늘
도 내일도 내 영이 주님을 찬양한다. 지난 15여 년간 주님의 음성이
이끈 영적 영역에서 얻게 된 가장 큰 변화는 나의 시간 속에 내 소원
의 기도보다 하나님을 향한 조건 없는 찬양이 더 많았다는 것이다.

높은 삶으로의 부르심

내 영이 주를 찬양합니다 내 영이 주를 찬양합니다
내 영이 주를 찬양합니다 내 영이 주를 찬양합니다
기뻐하라 나의 영혼아 감사하라 손을 들고 송축하라 나의 영혼아

내 영혼의 그윽히 깊은 데서 맑은 가락이 울려나네
하늘 곡조가 언제나 흘러나와 내 영혼이 고이 싸네
평화 평화로다 하늘 위에서 내려오네
그 사랑의 물결이 영원토록 내 영혼을 덮으소서

내 영이 주를 찬양하리니 주 하나님 크시도다
내 영이 주를 찬양하리니 주 하나님 크시도다

상황을 초월하는 찬미

우리는 하나님의 영광을 찬미하기 위해 지음받았다. 하나님을 입으로 마음으로 영으로 찬미하는 자들은 영으로 인도받는 하나님의 아들들이다.

무릇 하나님의 영으로 인도함을 받는 그들은 곧 하나님의 아들이라(롬 8:14).

우리가 성령 충만할 때, 마음으로 주님을 노래하며 찬송하게 된다. 그러나 항상 성령 충만을 유지하기는 쉽지 않고, 힘든 일과 마음의 걱정에 눌려 있으면 입술과 마음으로 하나님을 찬송하기가 어렵

다. 그러나 이런 상황 속에서도 주님은 우리의 영으로 찬송하게 하신다. 영으로 인도받는 성도들은 입술과 마음으로 기도하지 못할 때, 성령이 말할 수 없는 탄식으로 자신을 위해 기도하신다는 것을 알고 있다.

> 이와 같이 성령도 우리 연약함을 도우시나니 우리가 마땅히 빌바를 알지 못하나 오직 성령이 말할 수 없는 탄식으로 우리를 위하여 친히 간구하시느니라 (롬 8:26).

힘들고 어려운 상황 속에서도 영으로 찬송하게 하신다는 사실을 체험한 사람은 복되다. 바울 사도는 "내가 영으로 기도하고 또 마음으로 기도하며 내가 영으로 찬미하고 또 마음으로 찬미하리라"(고전 14:15)고 고백했다.

기도하기 힘든 상황 속에서 영이 먼저 기도하면, 마음이 기도하게 되는 것처럼 찬송하기 힘든 상황 가운데 영이 먼저 찬양하면, 마음이 힘을 얻어 찬양하게 되는 것이다. 하나님 약속의 성취를 기다리는 동안 힘든 일이 한꺼번에 겹쳐 입술과 마음으로 찬송하지 못할 때, 더욱 하나님을 찬송해야 한다는 성령의 감동을 받았지만, 해결해야 할 여러 문제 때문에 하지 못하자, 성령께서 이틀 동안 밤새도록 나의 영혼이 하나님을 찬송하게 하셨다. 내 영이 하나님을 찬송하는 것을 의식하면서 깊이 잠들지 못했지만, 내 마음이 깨어 낮에도 찬미하게 하신 색다른 경험을 했다. '내가 영으로 찬송하고 마음으로 찬송하게' 된 것이다. 이처럼 우리가 영의 인도를 받을 때, 하나님의 기록된 말씀을 들을 뿐만 아니라, 은혜를 경험하고 내 것으로 만들 수 있다.

> 내 영혼아 여호와를 송축하라 내 속에 있는 것들아 다 그 성호를 송축하라
> (시 103:1).

하나님의 완전하신 계획

2008년 12월 어느 날 전화 한 통을 받았다. 집회에 두세 번 참석한 스물한 살 자매가 교통사고로 의식을 잃고 병원에 누워 있다는 것이다. 급히 병원에 가보니 외관상 크게 다친 곳은 없었지만, 차에 받혀 넘어질 때 전봇대에 머리를 부딪쳐 의식을 잃은 상태였다. 우리 교회에 나오는 자매가 집회로 인도하였고, 오자마자 천국 체험을 하고 예수님과 천사를 만난 간증까지 했던 터라 우리 모두 충격이 컸다. 이제 막 미국에 공부하러 온 대학교 1학년 학생이 사고를 당해 누워 있는 것을 받아들이기 힘들었다. 이틀을 울면서 기도하는데, "완전하신 계획으로 인하여 감사드리라"는 성령의 음성이 들려왔다. 하나님의 "완전하신 계획으로 인하여 감사드리라"고 하니 도무지 이해하기 힘들었다. 혹 가족이 들으면 나와 하나님을 원망할 말이었다. 하지만 이 일은 그 자매의 꿈으로 예견되었다. 2학년인 룸메이트 자매가 먼저 우리 교회에 다니면서 예언 은사가 열려 사역하는 모습을 본 이 자매가 자신도 그런 은혜를 빨리 받고 싶었던 모양이다. 꿈에 룸메이트 언니가 학교 기숙사 베란다에서 뛰어내려 잘 날아서 땅에 안착하는 모습을 보고 자신도 뛰어내렸는데, 그만 잘못 떨어져 전

봇대에 머리를 부딪쳤다는 것이다. 그리고 며칠 후에 학교에 가려고 신호등 앞에 서 있는데 유턴하는 차를 직진하는 차가 받았고 받힌 차가 인도로 올라와 자매를 쳤고, 꿈에서와 같이 넘어지면서 전봇대에 머리를 부딪친 것이다.

우리 모두 정말 간절히 기도하였다. 정확히 21일 만에 의식이 돌아왔고 퇴원한 후에 한국에서 온 엄마의 도움을 받으며 재활 치료를 받게 되었다. 사고 때 충격으로 걸음걸이도 온전치 못하고 언어 능력 저하와 기억 상실증이 와 엄마와 룸메이트 외에는 사람들을 알아보지 못하였다. 여러 달 후에 교회에 왔는데, 룸메이트 자매가 "목사님 알아보겠어?"라고 하자, 두세 번밖에 보지 않았는데도 알아봐 줘서 다소 안심이 되었다.

몇 달 전까지만 해도 밝고 건강하던 자매가 이제는 다른 사람의 도움을 받지 않으면 아무것도 할 수 없는 장애자가 되었다. 이 사실도 받아들이기 힘들었고, "완전하신 계획으로 인하여 감사드리라"는 하나님의 음성도 이해하기 힘들었다. 룸메이트 자매를 통해 들은 소식에 의하면, 그 자매가 한국에 있는 친척들과 아는 사람들의 이름만 듣고 지식의 말씀을 전하고 또 예언까지 한다는 것이다. 이 일을 계기로 다시 한번 이사야서의 말씀을 묵상하게 되었다.

> 하늘이 땅보다 높음 같이 내 길은 너희 길보다 높으며 내 생각은 너희 생각보다 높으니라(사 55:9).

하나님은 완전하시다. 그분의 계획도 완전하시다. 그래서 오늘도

높은 삶으로의 부르심

나는 그분을 예배한다. 타이프를 치면서 어노인팅의 〈예배합니다〉를
듣는다. 이는 나의 이성과 사고 체계를 넘어서는 영의 고백이요, 영
의 노래이다.

완전하신 나의 주 의의 길로 날 인도하소서
행하신 모든 일 주님의 영광 다 경배합니다
예배합니다 찬양합니다 주님만 날 다스리소서
예배합니다 찬양합니다 주님 홀로 높임 받으소서

너무 싱겁다!

새벽 기도 가는 차 안에서 CD를 틀지 않았는데, "거룩 거룩하다
만군의 여호와 그 영광이 온 땅에 충만하시도다"라는 찬양이 터져
나왔다. 차에서 내릴 때까지 "주께서 높은 보좌에 앉으셨는데 그 옷
자락은 성전에 가득하도다 거룩 거룩하다 만군의 여호와 그 영광이
온 땅에 충만하시도다"를 계속 불렀다. 그 짧은 시간에도 영광의 구
름이 임하는 것 같았다. 새벽 기도 시간에는 찬송가 246장을 3절까
지 불렀다.

1. 나 가난 복지 귀한 성에 들어가려고 내 중한 짐을 벗어 버렸네
   죄 중에 다시 방황할 일 전혀 없으니 저 생명 시냇가에 살겠네
2. 그 불과 구름기둥으로 인도하시니 나 가는 길이 형통하겠네
   그 요단강을 내가 지금 건넌 후에는 저 생명 시냇가에 살겠네

3. 내 주린 영혼 만나로써 먹여 주시니 그 양식 내게 생명되겠네
　이후로 생명양식 주와 함께 먹으며 저 생명 시냇가에 살겠네

(후렴) 길이 살겠네 나 길이 살겠네 저 생명 시냇가에 살겠네
　길이 살겠네 나 길이 살겠네 저 생명 시냇가에 살겠네

이스라엘 백성이 애굽에서 구원받고 광야에서 불기둥과 구름기둥으로 인도받으며 가나안 땅에 들어간 것처럼, 우리도 세상에서 구원받고 광야 같은 세상을 살다가 천국에 들어가 살게 된다는 신앙 고백송이다. 부를 때도 부른 후에도 싱겁다는 생각이 들었다. 찬송가지만 하나님을 찬양하는 찬송이 아니기 때문이다. 그래서 482장을 불렀다.

1. 참 즐거운 노래를 늘 높이 불러서 이 세상 사는 동안 주 찬양하겠네
　축복의 산에 올라 멀리 바라보니 나 건너갈 요단강 뚜렷이 보이네
2. 참 즐거운 노래를 늘 높이 불러서 내 영혼 구하신 주 찬양하겠네
　땅 위의 성도들이 부르는 노래에 저 하늘의 천사들 다 화답하겠네
3. 참 즐거운 노래를 늘 높이 불러서 만왕의 왕 되신 주 나 찬양하겠네
　거룩한 하늘 노래 들려올 그때에 참 그립던 주님을 반가이 대하리

(후렴) 참 아름다운 노래 늘 높이 부르세 하늘의 소망 주신 주 찬
　　　양하여라
　　　참 아름다운 노래 다 함께 부르세 하늘의 기쁨 주신 주 찬
　　　양하여라

주님의 구원을 노래하였다. 내 영혼을 구하신 주를 찬양한 것이다. 그 주님을 그리워하였다. 마음이 밝아왔다. 주님의 구원이 주제요, 그분에 대한 감사와 그분이 목적이기 때문이다. 연이어 32장을 불렀다.

1. 만유의 주재 존귀하신 예수 사람이 되신 하나님
   나 사모하여 영원히 섬길 내 영광되신 주로다
2. 화려한 동산 무성한 저 수목 다 아름답고 묘하나
   순결한 예수 더 아름다워 봄 같은 기쁨주시네
3. 광명한 해와 명랑한 저 달빛 수많은 별들 빛나나
   주 예수 빛은 더 찬란하여 참 비교할 수 없도다

너무 감미롭고 아름답다. 주님의 찬송을 부른 것이다. 주님의 아름다움을 찬송한 것이다. 이 곡에 붙은 해설이다. "이 찬송 시는 예수 그리스도에 대하여 노래한다. 예수는 만유의 주재 하나님과 사람이신 성자이시며(1절), 아름다운 동산과 수목보다 아름다운 기쁨을 주시는 존재이시며(2절), 예수의 빛은 해와 달과 별의 영광보다 더 찬란하다(3절)라고 노래한다."

한마디로, 예수는 만물의 통치자, 하나님의 아들이신 성자이므

로 자연이 주는 기쁨이나 영광보다 훨씬 뛰어나다는 것이다. 우리는 "이 백성은 내가 나를 위하여 지었나니 나의 찬송을 부르게 하려 함 이니라"(사 43:21) 하신 것처럼 하나님의 찬송을 불러야 한다. 하나님 이 주어인 노래가 찬송이다. 그렇지 않은 것은 찬송이 아니다. 내가, 우리가 주어인 노래는 기도송, 간구송, 임재송, 믿음송, 신앙 고백송 이지, 성경이 말하는 찬송이 아니다.

찬송은 하나님께 속한 노래이다. 우리가 하나님의 이름, 하나님의 성품, 하나님의 역사를 노래하는 것이다. 경배는 하나님이 어떠하신 가를 노래하는 것이다. 그분은 전능하시다. 그분은 거룩하시다. 그 분은 광대하시다. 그분은 좋으시다. 인자하시다. 그분의 사랑은 영 원하시다를 노래하는 것이다. 그렇지 않은 것은 찬양과 경배가 아니 다. 찬송가도 1~50장까지를 찬양과 경배로 분류해 놓았다. 구별하 지 않고 모두 찬송이라고 생각하고 부르는 것은 문제가 있다. 목사, 지휘자, 찬송가 편찬위원들도, 복음성가 가수, 음악박사도 이것을 잘 모른다. 그래서 주일 예배에 성가대가 하는 입례송이나 송영 정도 로만 짧게 하고 성도들이 일주일에 한번 공동체로 모여도 하나님을 찬송하지 못하는 것이다.

주 믿는 사람 일어나 다 힘을 합하여 이 세상 모든 마귀를 다 쳐서 멸하세
저 앞에 오는 적군을 다 싸워 이겨라 주 예수 믿는 힘으로 온 세상 이기네
믿음이 이기네 믿음이 이기네 주 예수를 믿음이 온 세상 이기네

주어가 주 믿는 사람, 곧 성도이다. 믿음으로 세상과 마귀를 이긴다는 군가 같은 노래로 믿음송이다.

내 평생에 가는 길 순탄하여 늘 잔잔한 강 같든지
큰 풍파로 무섭고 어렵든지 나의 영혼은 늘 편하다
내 영혼 평안해 내 영혼 내 엉혼 평안해

내 영혼이 좀 평안했으면 좋겠다는 바람을 노래한 것이다. 억지로라도 평안하다고 하면 고백송이 되겠지만, 평안했으면 좋겠다는 기도송의 범주에서 벗어나지 못한다. 찬송과는 거리가 멀다. 주어가 나이기 때문이다(내 평생에). 젊은 날에 성령받고 가장 좋아했던 노래가 기도송이었다.

나의 영원하신 기업 생명보다 귀하다 나의 갈 길 다가도록 나와 동행하소서
주께로 가까이 주께로 가오니 나의 갈 길 다가도록 나와 동행하소서

이렇게 곡조를 붙인 기도를 하고도 주께로 가까이 가지 않았다. 그분은 언제나 나와 함께하시는 임마누엘 하나님이지만, 나는 진실로 주님이 원하시는 만큼 주님과 동행하지 않았다. 노래가 "나와 동행하소서"라는 기도에 머물렀지, 현재 동행하고 있다는 신앙 고백이 된 것도 아니고, 나와 동행하시는 주님을 찬송하고 그분의 영광을 선포한 것은 더욱이 아닌 것이다. 한국에 수많은 교회와 지휘자와 성가

대원들이 있지만, 하나님이 명하신 하나님의 노래를 제대로 알고 구분하여 찬양과 경배를 드리는 교회와 지휘자와 성가대원들이 많지 않다. 아무리 많은 성가대원과 오케스트라가 함께 불러도 그분을 주어로, 그분을 찬송하고 송축하며 경배하는 노래가 아니라면, 하나님께 영광을 돌리는 찬송의 범주에 들지 못하고 그저 사람들의 믿음을 돋우고 은혜를 끼치는 정도에 머무는 것이다.

기독교 TV 찬양 프로그램 인도자들도 이러한 구분을 모르고 찬양을 인도한다. 〈사명〉이라는 노래는 사명을 잘 감당하겠다는 사명송이지, 하나님을 찬양하는 찬양은 아니다. 아무리 유명 복음성가 가수나 찬양 사역자가 "나는 가리라 주의 길을 가리라 주의 발자취 따라 나는 가리라"고 좋은 목소리로 사람들에게 은혜를 끼치는 노래를 했을지라도 그것은 찬양의 범주에 들지 않는다. 하나님께 드리는 기쁨이나 영광이 없기 때문이다. 주님 보시기에 따라오려고 애쓰는 것이 기특할 뿐이고 안쓰러울 뿐이다. 또 그렇게 노래하고도 참으로 주님을 따르지 않는다. 주님은 좀 거룩해져서 나를 찬미하라고 하실 것이다.

왜 하나님께 예배를 드리면서 거의 모든 순서가 교회에 모인 사람들을 향하고, 찬양마저도 사람이 주어가 되고 사람이 감동과 은혜를 받는데 머물러야 할까? 기도는 사람을 위한 것이다. 설교도 그러하다. 헌금도 교회 운영을 위한 것이다. 그런데 찬양까지 기도송, 간구송, 믿음송이라면, 언제 하나님을 찬송할 것인가? 언제 하나님을 진정으로 예배할 것인가? 영이신 하나님을 잘 몰라서 그런 것이다. 신령과 진정으로 예배한다는 것이 무엇인지 잘 모르는 것이다. 그러므로 혼자라도 시와 찬미와 신령한 노래를 불러야 한다. 하나님을 찬송해야 한다. 감사로 그 문에 들어가며 찬송함으로 그 궁정에 들어가야 한다.

> 감사함으로 그 문에 들어가며 찬송함으로 그 궁정에 들어가서 그에게 감사하며 그 이름을 송축할지어다(시 100:4).

응답받지 못한 기도에 섭섭한 마음이 들고 범사에 감사가 고백되지 않기 때문에 찬송을 못하는 것이다. 의롭고 정결하고 거룩한 삶에 대한 경각심을 갖지 못하고 교회생활을 하기 때문에 영광의 영역, 거룩한 지성소로 들어가는 송축과 경배를 알지 못하는 것이다. 하나님을 예배하는 것은 그분에게 어떤 것을 구하는 것이 아니라, 우리가 그분을 구하는 것이다. 하나님을 예배하는 것은 그분에게서 어떤 것을 얻고자 하는 것이 아니요, 그분이 누구이신가를 갈망하는 것이다. 그러므로 찬송으로 내가 위로와 감동, 은혜받으면 안 된다. 찬양대의 합창에 내가 감동받고 박수치면 안 된다. 하나님을 기쁘게 하고 하나님께 영광을 돌리는 것이 먼저이다.

하나님을 향한 감사와 찬양과 경배를 온전히 올려 드리면, 결국 나와 세상은 간 곳 없고 구속한 주만 보인다. 그분이 영광과 존귀를 받으시고 그분의 영광을 우리에게 나누어 주신다. 그분의 기쁨이 그분의 보좌로부터 임한다. 찬양이 올라가고 기쁨이 내려오는 것이다.

큰 교회 은퇴 장로님의 차를 탄 적이 있다. 시동을 걸자 CD 플레이어에서 〈청산에 살으리라〉가 흘러나왔다. 하늘나라 갈 때가 가까

왔는데 수십 년 전 이민 왔을 때 좋아하던 가곡을 지금까지 듣고 있다면, 영적인 삶과는 거리가 먼 것이다. 그 교회는 구역 예배 후에 카드 게임을 하는 구역이 있고, 어느 구역은 골프가 주요 주제라는 말을 들은 적이 있다. 그 후에 교회가 분열되어 소란스럽다는 소식을 전해 들었다.

찬양과 영광이 없으니 분쟁과 악한 영의 역사가 판을 치는 것이다. 사람은 장성한 후에는 어린아이의 일을 버린다. 찬양과 경배를 알면, 그 전에 좋아하던 가곡도 흥미 없다. 물론 초신자에게는 기도송, 믿음 고백송, 임재송이 필요할 수 있다. 한국 교회는 찬양을 모른다. 찬송가에 있는 모든 노래를 찬송이라고 생각하고 평생 부르면서 워십, 송축, 경배는 모른다. 찬양과 경배는 송영 정도로 여기고 예배를 시작할 때 성가대가 하는 것으로 안다. 진정한 경배자를 찾기 힘들다. 거룩을 모르기 때문이다. 그러므로 혼자라도 잘하자. 누구에게나 하루 24시간이 있다. 같은 곡을 100번 불러도 좋다. 하나님을 노래하는 것이라면 좋은 것이다.

아름답고 놀라운 주 예수 말로 할 수 없네
그 측량할 수 없는 위엄 주님과 같은 분 없네
한없는 그 지혜와 사랑 그 누구도 다 바꿀 수 없네
아름답고 놀라운 주 예수 보좌에 앉으셨네
주님의 높고 위대하심을 내 영혼이 찬양하네

거룩 거룩하다 만군의 여호와 그 영광이 온 땅에 충만하시도다

할렐루야 할렐루야 전능하신 주 다스리시네
할렐루야 할렐루야 전능하신 주 다스리네
할렐루야 거룩 거룩 전능하신 주 하나님 전능하신 주 아멘

그러다가 영광이 임하면, 기쁨이 임하면, 주님을 영화롭게 하기 위해 그분 앞에서 춤추면 된다.

기뻐하며 경배하세 영광의 주 하나님
주 앞에서 우리 마음 피어나는 꽃 같아

온 땅이여 주를 찬양 날마다 주를 찬양하세
주의 기사와 주의 능력 온 땅에 널리 알려졌네

주님이 기뻐 받으신다. 그분의 노래이기 때문이다. 전혀 싱겁지 않다. 그분의 영광을 찬송하기 때문이다. 우리가 그분의 영광의 아름다움을 맛보기 때문이다. 하나님을 기쁘게 하고 그분을 영화롭게 하면 신앙생활이 싱겁지 않다. 하나님을 즐거워하면, 내 마음이 즐겁기 때문이다. 하나님을 기뻐하면, 내 영혼이 기쁘기 때문이다. 하나님의 영광을 찬송할 때, 그 영광이 임하기 때문이다. 지금부터 영원의 시간에 이르기까지 주님을 찬양하자. 하루도 쉬지 않고 그분을 송축하자. 기도보다 찬양을 더 많이 하자. 주님 나라에 갈 때가 가까울수록 더 그렇게 하자. 천국은 찬양만 있는 곳이다. 그러다 보면 어느새 주님 앞에서 천군천사들과 함께 경배하고 있는 자신을 보게 될

것이다.

> 내 평생 사는 동안 주 찬양하리 여호와 하나님 내 주를 찬양하리
> 주님을 묵상함이 즐겁도다 내 영혼 주 안에서 참 기쁘리
> 내 영혼아 주님을 송축하라 내 영혼아 주님을 찬양하라
> 내 영혼아 주님을 송축하라 내 영혼아 주님을 찬양하라

> 무릇 내 이름으로 일컫는 자 곧 내가 내 영광을 위하여 창조한 자를 오게 하라
> 그들을 내가 지었고 만들었느니라(사 43:7).

내 영혼 평안해

2016년의 12월 25일은 성탄 주일이고, 2017년 1월 1일은 신년 주일이었다. 그 사이의 마지막 한 주간을 보내면서 마음에 여러 가지 생각과 감회가 깊었다. 28일 수요일 오후 차로 교회에 가면서 '내 영혼 평안해'라는 가락이 내 안에서 흘러나왔다. 그때 문득 든 생각이 청년 때부터 그토록 좋아하고 자주 불렀던 〈내 평생 가는 길〉은 나의 간절한 기도였다. 어릴 때부터 하나님을 믿으면서도, 주님이 내 안에 계신다면서도 "너희는 마음에 근심하지 말라 하나님을 믿으니 또 나를 믿으라"는 요한복음 14장 1절의 말씀을 정말 좋아했다. 너무 좋아 해서 영어로도 암송하였다. "Do not let your heart be troubled, trust in God, trust also in me." 하지만 내 마음속에 참된 평안이 없고 늘 근심이 사라지지 않았다. 이 노래를 그토록 좋아

높은 삶으로의 부르심

하고 자주 부른 것은 나의 영혼이 진정으로 평안해서 신앙 고백으로 부른 것이 아니라, 내 영혼이 평안했으면 좋겠다는 간절한 바람으로 불렀던 것이다. 내 영혼에 평안함을 주신 하나님을 찬양한 것이 아니라, 제발 좀 내 영혼이 평안했으면 좋겠다는 간절한 소원을 곡조에 담아 기도했던 것이다.

그런데 이제야 '내 영혼 평안해'가 내 속에서 나오면서 수십 년 만에 진정으로 '내 영혼이 평안하다'는 생각이 들었다. 오랜 세월을 지난 후에야 나의 신앙 고백이 된 것을 알게 하신 것이다. 이 마음을 다시는 잊지도 빼앗기지도 않으리라 결심하면서 교회에서 나오자마자 이 글을 쓰는 것이다. 사람의 마음은 간사해서 언제 바뀔지 모르기 때문에 아예 기록으로 남겨서 이전으로 돌아가지 않으려는 것이다. 아직도 하나님의 약속을 기다리고 있지만, 정말 평안하다는 고백으로 이 노래를 부를 수 있어서 감사하다.

신앙생활과 주님과의 영적 동행은 지속적이고 연결성이 있다. 30년 전 네팔에서 선교할 때, 안나푸르나 베이스캠프까지 트레킹을 하였다. 며칠 동안 저녁이 되면 자고 다음날 아침이면 다시 산에 올랐다. 어제까지 올라온 지점에서 다시 올라가는 것이다. 영적 등반도 마찬가지이다. 어제까지 올라온 영적 고지에서 내려가는 것이 아니라 올라가는 것이다.

사실 어제 '언제라도 죽을 수 있다'는 생각이 들었다. 올해 3월 한국에 나가면서 '이제 죽어도 괜찮겠다'는 생각이 들었고, 11월 방문 때에는 정말 죽음의 문턱까지 간 경험을 하였다. 아내에게 조심하지 않고 한 번 더 쓰러지면 정말 죽는다는 말을 들어서인지 '아, 언제라도 오늘이라도 죽을 수 있구나' 하는 생각이 든 것이다. 그래서 〈내 평생 가는 길〉이 예전에는 그렇게 되었으면 좋겠다는 간절한 마음으로 불렀는데, 이제 나의 고백이 된 것일까? 정말 내 영혼이 평안하다.

복음 전도자이며 유명한 부흥사였던 D. L. 무디에게 한 청년이 다가와 "선생님, 근심 없는 곳이 어딜까요?" 하고 물었다. 무디는 그 청년을 공동묘지로 데리고 갔다. 그리고 "여기 있는 사람들은 근심이 없다네"라고 말해 주었다. 세상 사람 중에 근심과 걱정과 어려움 없는 사람은 없다. 빌리 그레이엄 목사 주변에 있던 수많은 부자 가운데 하룻밤이라도 편히 잘 수 있게 해준다면 백만 불도 아깝지 않다고 말한 사람이 여럿 있었다고 한다.

믿음은 근심을 이기는 것이다. 모든 염려를 맡기는 것이다. 사람이 죽어야 근심이 끝나고 참 평안과 안식을 얻는 줄 알았는데, 어제 처음으로 '내 영혼이 평안하다'고 진정으로 고백할 수 있었다. 전에도 성령이 임하면, 은혜 좀 받으면 일시적으로 평안을 잠깐 경험할 수 있었다. 그러나 항상 그러지는 못했다. 다시 근심의 구름이 나를 짓눌렀다. 그러나 이제부터는 아니다. 기도가 아니라 고백이 되게 하심을 깨달았다. 그렇다. 주님 안에 있으면 생명과 평안이다. 바울 사도는 로마서 8장 6절에서 "육신의 생각은 사망이요 영의 생각은 생명과 평안이니라"고 하였다. 주님의 탄생을 알리는 천군천사들이 "지극히 높은 곳에서는 하나님께 영광이요 땅에서는 기뻐하심을 입은 사람들 중에 평화로다"(눅 2:14)라고 선포하였다. 부활하신 주님께서 두려워 떠는 제자들에게 찾아오셔서 하신 첫 말씀이 "너희에게 평강이 있을지어다"였다. 주님이 평안을 이미 주셨다.

높은 삶으로의 부르심

이날 곧 안식 후 첫날 저녁 때에 제자들이 유대인들을 두려워하여 모인 곳에 문들을 닫았더니 예수께서 오사 가운데 서서 가라사대 너희에게 평강이 있을 지어다(요 20:19).

평안을 너희에게 끼치노니 곧 나의 평안을 너희에게 주노라 내가 너희에게 주는 것은 세상이 주는 것 같지 아니하니라 너희는 마음에 근심도 말고 두려워하지도 말라(요 14:27).

주님이 이미 주신 평안을 새삼스럽게 달라고 계속 기도만 하지 말자. 그것은 믿음이 아니다. 평안을 이미 우리에게 주셨다. 그냥 믿고 나의 신앙으로 고백하고 누리고 소유하자. 이것이 참 믿음이다. 이제는 하나님을 믿는다면서도 다시 근심하는 힘든 일을 끝내자!

너희는 마음에 근심하지 말라 하나님을 믿으니 또 나를 믿으라(요 14:1).

네가 믿으면 하나님의 영광을 보리라(요 11:40).

이제부터는 〈내 평생 가는 길〉을 안타깝게 기도로 부르지 말자. 정말 감사한 마음과 신앙 고백으로 부르자. 그러면 그렇게 될 것이다. 믿지 않는 자가 되어 근심하지 말고 하나님을 믿자. 그래서 이제부터는 하늘나라 가기까지 좀 평안히 살자.

그리고 새해에는 "나의 기쁨 나의 소망되시며 나의 생명이 되신 주 밤낮 불러서 찬송을 드려도 늘 아쉰 마음뿐일세" 하며 아름다운 곡조로 신앙 고백을 하다가 뜬금없이 "길도 없이 거친 넓은 들에서 갈 길 못 찾아 애쓰며 이리저리로 헤매는 내 모양 저 원수 조롱하도다"라는 3절은 부르지 말자. 하나님의 자녀인 나는 원수 마귀의 조롱거리가 아니다. 다른 사람들은 뜻도 모르고 마귀의 조롱을 허락하는 노래를 불러도 우리는 부르지 말자. 그것이 고백이 되면 마귀에게 이리저리로 끌려다니는 한 해가 될 수 있다. 4절, 5절은 얼마나 좋은가? "주의 자비롭고 화평한 얼굴 모든 천사도 반기며 주의 놀라운 진리의 말씀에 천지가 화답하도다 나의 진정 사모하는 예수여 음성조차도 반갑고 나의 생명과 나의 참 소망은 오직 주 예수뿐일세." 그야말로 밤낮 불러도 아쉬운 주님을 향한 신앙 고백이다.

나는 좋으면 온종일 수십 번이라도 주님을 부른다. 내 뇌에 세뇌되도록 말이다. 그러지 않으면 진짜 힘들기 때문이다. 그런데 어제 하나님께서 언제라도 죽을 수 있다는 생각과 함께, 〈내 평생 가는 길〉이 그동안의 기도가 아닌 영원한 고백이 되게 하셨다. 내가 생각해도 그동안 배운 것보다, 오랜 세월 훈련받은 것보다 아직은 제대로 써먹지 못하는 것 같고, 현재까지 그에 대한 보상을 받은 적이 없는 것 같다. 잘하고 있지 못한 것이다. 그런데 잘하는 것이 있다면, 주님의 음성에 순종하는 것이고, 고집(믿음)이 있어 하나님을 신뢰하고 참고 기다리는 것이고, 깨닫지 못해서 그렇지 한번 알게 되면 쉽게 포기하지 않는 인내라 생각된다.

그러므로 이제부터는 '나의 영혼은 평안해'이다. 이는 내 결심이 아니라 하나님이 깨닫게 하시고 평안했으면 좋겠다고 평생 불러왔던 짠한 곡조 있는 기도가 아니라, 나의 신앙 고백이 되게 하셨기 때문이다. 할렐루야!

내 평생에 가는 길 순탄하여 늘 잔잔한 강 같든지
큰 풍파로 무섭고 어렵든지 나의 영혼은 늘 편하다
내 영혼 평안해 내 영혼 내 영혼 평안해

세월 지나갈수록

2017년 3월 어느 금요일에는 '세월 지나갈수록 의지할 것뿐일세'
라는 노래가 속에 나왔다. 그래서 새벽 기도회에서 543장 〈어려운
일 당할 때〉를 불렀다.

1. 어려운 일 당할 때 나의 믿음 적으나 의지하는 내 주를 더욱 의지
   합니다
2. 성령께서 내 마음 밝히 비춰 주시니 인도하심 따라서 주만 의지합
   니다
3. 밝을 때에 노래와 어둘 때에 기도와 위태할 때 도움을 주께 간구
   합니다
4. 생명 있을 동안에 예수 의지합니다 천국 올라가도록 의지할 것뿐
   일세

(후렴) 세월 지나갈수록 의지할 것뿐일세 무슨 일을 당해도 예수 의지
   합니다

그런데 3일 전 화요일 새벽에도 '세월 지나갈수록'이 나오는 것이다. 그렇다. 세월이 많이 지나갔다. 아니라 하면서도 하나님의 약속을 기다린 시간들이 많이 흐르면서 몸도 마음도 힘들다 보니 성령께서 위로를 주시고 더욱 주님을 의지하라고 이런 노래를 주신 것이다. 영적으로 어떤 탄생을 앞둔 산통 때문인지, 기다림이 오래되어서 정신적으로 힘든 건지, 육체적으로 나이가 들면서 면역력이 떨어져서인지 복합적으로 힘든 3월을 보내고 있다. 한국을 위해 기도하면서 벌어지고 있는 정치적 상황에 대한 실망과 북미간의 핵 긴장, 선제공격에 대한 걱정과 함께 한달 내내 입 안과 밖이 편치 않다. 그리고 생전 처음으로 변비까지 생기면서 치질도 심해져서 여러모로 신경이 쓰이는 요즘이다. 그래서 그런지 '세월 지나갈수록 의지할 것뿐일세'라는 노래가 계속 나오는 것 같다. 인내의 한계에서 절실히 깨닫고 고백하게 된 것은 '나는 할 수 없다'이다.

이러한 고백에 이르렀어도 나를 통한 하나님의 약속은 반드시 성취되어야 "사람으로는 할 수 없으되 하나님으로서는 다 할 수 있느니라"(마 19:26)는 고백을 할 수 있다. 그래서 주님을 더욱 의지해야 한다. 세월이 가면서 육체 힘도 빠지고 마음도 힘들고 영도 쇠잔해질 수 있지만, 그럴수록 우리는 더욱 주님을 의지해야 한다. 의지하는 대상이 믿음의 대상인 것이다. 세상 사람은 자신들이 의지하던 온갖 것에 희망을 잃으면 그동안 의지하지 않던 어떤 희망을 지푸라기 잡는 심정으로 잡으려고 한다. 그러나 우리의 믿음은 지푸라기를 잡는 것이 아니다. 믿음의 주요 또 온전하게 하시는 예수를 바라보는 것이다(히 12:2). 오직 한 일, 즉 뒤에 있는 것은 잊어버리고 앞에 있는 것을 잡으려고 푯대를 향하여 좇아가는 것이다(빌 3:13-14). 천국에 달린 소망의 밧줄을 붙잡는 것이다. 하나님의 약속을 붙드는 것이다. 세월이 지나가고 나이는 들어도 하나님의 약속은 언제나 예스와 아멘이다.

> 하나님의 약속은 얼마든지 그리스도 안에서 예가 되니 그런즉 그로 말미암아 우리가 아멘 하여 하나님께 영광을 돌리게 되느니라(고후 1:20).

우리는 세월 지나갈수록 하나님을 더욱 의지해야 한다. 열여덟 살 때 아버지의 거제도 기도원에서 성령세례를 받고 33년 후에 임한 불세례와 영광을 체험한 지도 15년이 지났다. 이제 살아온 날보다 살 날이 적으니 생명 있을 동안에 더욱 주님을 의지해야겠다. 천국 올라가도록 의지할 것은 오직 주님밖에 없다. 믿음은 금방 생기지는 않는다. 설령 믿음이 있어도 성장하거나 배가하지 않으면 쇠해지고 감소된다. 평소에 주님을 의지하는 믿음의 습관이 있어야 위태할 때, 심지어 임종의 순간에 자신의 영혼을 온전히 주님께 의탁할 수 있다. 예수님은 십자가 위에서 운명하시면서 "아버지여 나의 영혼을 아버지의 손에 부탁하나이다"라고 하셨다. 하나님의 아들이신 주님도 그러하셨다면, 우리같이 약한 자들이 주님을 의지하지 않는 것은 교만 중에 교만이다.

애플 창업자 스티브 잡스는 50대 후반에 그렇게 돈이 많은데도 첨단 의료 기술로도 고칠 수 없는 암으로 죽어가고 있었다. 그때 그는 종교에 관심을 갖고 불교에 귀의했지만, 구원의 줄을 붙들지 못하고 영원한 멸망으로 들어갔다. 성철 스님은 임종 전에 지옥을 보았지만, 평생 헛된 것을 의지한 탓에 때늦은 후회만 하고 영원한 불심판에 들어갔다. 그가 임종 전에 한 말이다.

일평생 남녀 무리를 속여 미치게 했으니 그 죄업이 하늘에 미쳐 수미산보다 더 크구나!
산채로 불의 아비지옥으로 떨어지니 한이 만 갈래나 되는구나!
수레바퀴 한 덩이 붉은 해가 푸른 산에 걸렸구나!

그가 출가할 때 뱃속에 있었던 딸 불필 스님에게 쓴 글이다.

내 죄는 산보다 높고 바다보다 깊은데 내 어찌 감당하랴.
내가 80년 동안 포교한 것은 헛것이로다.
우리는 구원이 없다. 죄 값을 해결할 자가 없기 때문이다.
딸 필히와 54년을 단절하고 살았는데 죽음 임종 시에 찾게 되었다.
필히야 내가 잘못했다.
내 인생을 잘못 선택했다.
나는 지옥에 간다.

반면에 평생 주님을 의지했던 다윗의 고백이다.

내가 하나님을 의지하여 그 말씀을 찬송하며 여호와를 의지하여 그 말씀을 찬송하리이다(시 56:10).

높은 삶으로의 부르심

주 여호와여 주는 나의 소망이시요 나의 어릴 때부터 의지시라 내가 모태에서부터 주의 붙드신바 되었으며 내 어미 배에서 주의 취하여 내신바 되었사오니 나는 항상 주를 찬송하리이다(시 71:5-6).

다른 방법이 없다. 오늘도 내일도 그동안 의지하던 내 주님을 세월 지나갈수록 더욱 의지해야 한다. 주님을 의지하는 자가 새 힘을 얻기 때문이다. 주님의 말씀에 의지할 때 평안을 얻기 때문이다.

여호와를 의뢰하는 자는 시온산이 요동치 아니하고 영원히 있음 같도다 (시 125:1).

그러나 무릇 여호와를 의지하며 여호와를 의뢰하는 그 사람은 복을 받을 것이라(렘 17:7).

주가 나와 동행을 하면서

어느 토요일 새벽에 킹덤 빌더즈 훈련을 받은 횃불 군대팀 일원이며 카페 활동에 많은 도움을 준 한 사모님의 꿈을 꾸었다. 한국 다녀온 지 두 주가 되었지만 깊이 잠들지 못하고 깨어 있는 시간이 많은 것은 하나님께서 계획하신 어떤 좋은 일이 이제 곧 일어날 사인으로 받아들였다. 몸은 잠을 자도 마음은 깨어 있고, 영이 하나님께서 행하실 약속의 성취를 미리 마중 나가는 것 같다. 그래서 지난 금요일에는 '이제 바쁘게 일해야겠다. 한꺼번에 모든 일을 해야겠다'는 생각을 주셨는지도 모른다. 그 사모님이 여러 사람과 함께 긴 의자에 앉아 있는 것 같았고, 갑자기 일어서서 나가는 뒷모습을 보니 "한적한 곳으로 나오라"는 음성을 들어서 그러는 것 같았다. 두려워하거나 놀라는 모습은 아니었다. '나를?' 하며 의아한 표정으로 잠깐 고개를 돌리고 일어서 나갔고, 〈저 장미꽃 위에 이슬〉이 들려왔다.

저 장미꽃 위에 이슬 아직 맺혀 있는 그때에
귀에 은은히 소리 들리니 주 음성 분명하다
주님 나와 동행을 하면서 나를 친구 삼으셨네
우리 서로 받은 그 기쁨은 알 사람이 없도다

하나님께서 주님을 사모하며 삶의 목적과 사명을 찾는 자들을 이처럼 "한적한 곳으로 나오라"고 개인적으로 불러내시는 것이다. 여럿이 같이 있던 장소에서 혼자 있는 곳으로, 기름 부음의 장소에서 혼자 들어가는 지성소의 영역으로 나오라고 하신 것이다. 여럿과 같이 있어도 외롭고 힘든데 한적한 곳으로 혼자 나오라는 것이다. 주님은 새벽 미명에 혼자 한적한 곳으로 나가서서 하나님 앞에 기도하셨다.

새벽 오히려 미명에 예수께서 일어나 나가 한적한 곳으로 가사 거기서 기도하시더니(막 1:35).

이제 하나님께서 일대일로 만나자는 것이다. 친밀함으로 나아오라는 것이다. 사랑을 고백하라는 것이다. 연인과의 만남은 둘만의 만남이라 좋은 것이다. 복잡한 것보다 조용한 것이 더 좋다. 가만히 묵상으로 하나님이 하나님 되심을 알라는 것이다.

> 너희는 가만히 있어 내가 하나님 됨을 알지어다 내가 열방과 세계 중에서 높임을 받으리라 하시도다(시 46:10).

> 주의 진리로 나를 지도하시고 교훈하소서 주는 내 구원의 하나님이시니 내가 종일 주를 바라나이다(시 25:5).

영광의 아름다움을 보여 주시고, 크고 비밀한 일을 나타내실 것이라는 약속이다.

> 여호와의 영광 곧 우리 하나님의 아름다움을 보리로다(사 35:2).

> 너는 내게 부르짖으라 내가 네게 응답하겠고 네가 알지 못하는 크고 비밀한 일을 네게 보이리라(렘 33:3).

우리 모두는 상급을 위해서든, 심판을 위해서든 한번은 주님의 심판대 앞에 홀로 서게 될 것이다. 미리 주 앞에 서서 영원토록 동행하면 복이다. 그래서 주님이 동행하자고 하시는 것이다. 주가 나와 동행하면서 나를 친구 삼고자 하심이다.

내가 주께로

2017년 2월 12일 주일 아침에 "내가 주께로" 노랫가락이 속으로부터 나왔다. 3월 들어 그동안 약속하신 하나님의 어떤 일이 시작되도록 집중 기도를 하는 중이었다. 요즈음 몸도 마음도 영도 가장 연약한 중에 있는 것을 느낀다. 2주 동안의 감기는 견딜 만했는데, 혀끝에서 시작된 혓바늘이 일주일 후 없어진 듯하더니, 여러 곳에 생기고 더 심해졌다. 아랫입술 안까지 헐어서 성경을 읽기도 힘들었고, 토요 집회와 주일에 설교도 못했다. 이런 증상은 면역력이 떨어졌을 때, 비타민이 부족할 때, 심한 스트레스 때문이고, 내 경우에는 심장 혈관 시술 후유증까지 겹쳐서 나타난 것 같다. 그러나 그 무엇보다도 영적으로 좀 다운된 것이 가장 큰 이유일 것이다.

기도한다고 하면서도 '하나님께서 어떤 일을 이루셔야 하는데' 하는 생각이 더 앞서기 때문이고, 믿음의 인내를 강조해 온 나도 지난 12년간의 인내의 끝이 쉽지 않음을 실감하기 때문인 것 같다. 그래서 2008년 4월 27일에 들려주신 "완전한 굴복과 완전한 복종"에 대한 글을 나 자신을 위해 카페에 다시 올렸다. 그로부터도 9년이 지났지만 갈수록 몸과 마음의 한계가 느껴지는 것은 이제 정말 하나님의 시작의 때가 된 것이라고 믿고 싶다. 지난 1년간 글을 쓰면서 주님과의 친밀한 기도가 부족해 하나님께서 세 번 연거푸 꿈으로 보여 주셔서 일주일 집중 기도를 시작한 계기가 된 첫 꿈이, 먹던 빵 봉지에서 수많은 파리가 나와서 급히 빵 봉지를 방에서 밖으로 내보내는 것이었다. 그동안 친밀한 기도를 게을리 한 결과로 생각 속에 잡되고 추한 인간적 생각들이 가득해서 마음의 방에서 밖으로 내보내야 한다는 것을 보여 주신 것이다. 그렇다. 주님과의 친밀한 시간을 갖지 않으면, 주님을 항상 묵상하고 주님의 얼굴과 영광을 사모하는 일을 게을리 하면, 특별히 나쁜 생각을 일부러 하지 않고, 별다른 마음을 먹지 않아도 파리가 꼬이는 냄새 나는 생각들로 가득한 것이 우리 인간이다. 그래서 날마다 주께로 가야 한다. "주님께 가까이 가게 해주세요"라고 기도만 하지 말고 내가 주께로 가야 한다. 하나님은 어디에나 계신다. 하나님은 언제나 만나 주신다. 하나님은 먼 데 하나님이 아니라 가까운 데 하나님이시다(렘 23:23).

2월 28일 오후에 3월 1일부터 일주일 동안 기도하기 위해 카페 활동을 중단한다는 글을 올리고 든 생각은 불안감이었다. 주님과의 친밀한 관계를 위해 모든 것을 내려놓고 아무것도 하지 않기로 결정한 후, 찾아온 것이 반가움, 평안함, 기쁨이 아니라, 아무것도 하지 않고 시간을 보내야 한다는 불안감이었다. 그동안 항상 뭔가를 하는 것에 익숙했던 것이다. 매일 하루도 빠짐없이 해야 할 일에 대한 부담감을 느꼈는데, 그것을 내려놓을 때 찾아오는 불안감은 또 무엇이란 말인가? 그다음에 든 생각이 미안함이었다. 주님을 매일 만나야 하는데 오랜만에 만나는 미안함과 쑥스러움이 3시간 앉아 있기를 시작한 첫날 느낀 첫 마음이었다. 그런데 채 1시간이 지나지 않아 그 마음은 주님과의 아름다운 친밀함을 나누던 때의 그리움으로 바뀌기 시작했다. 친밀함과 포근함이 느껴지며 그 자리가 내 자리인 듯 익숙함이 온몸과 마음을 감쌌다.

하나님 앞에 3시간만 아무것도 하지 말고 주님만 생각하는 시간을 가져 보라. 처음에는 익숙해질 때까지 해야 한다. 하나님의 음성을 듣지 못해도 주님의 따스한 임재를 몸으로 느낄 수 있을 것이다. 주님 앞에 5시간 앉아 있어 보라. 세미한 주님의 음성이 들릴 것이다. 주님과의 친밀함을 7시간 지속해 보라. 영적 상승과 비상이 일어날 것이다. 일주일을 보내면서 눈썹 주위와 얼굴이 따갑고 뜨거우며 하나님 영광의 아름다움을 다시 맛볼 수 있을 것이다. 그런데 일주일 후부터 혓바늘이 더 심해졌다. 오늘 아침에는 잘못하면 물에 빠진 생쥐가 될 수 있다는 꿈까지 꾸었다.

하나님의 약속을 받는 비결은 오래 참음이다. 내 생각의 한계를 넘어서고, 내 인내의 한계를 넘어서야 한다. 마음을 지켜야 한다. 끝까지 인내해야 결실을 맺는다. 그렇지 않으면 물에 빠진 생쥐 꼴이 될 수 있다는 것이다. 하나님께서 "어떤 일이 일어나거든" 하셨다. 하나님께서 어떤 일을 행하신다고 하셨다. 약속을 받았음에도 힘든 것은 아직까지 내 생각이 남아 있기 때문이다. 그것은 전적으로 하나님께 속한 시간과 때의 문제이다. 그때를 알지 못해 힘든 것이다. 그러나 잠잠히 기다려야 한다. 그리고 주께로 가야 한다. 골고다의 보혈로 내 생각을 매일 씻어야 한다.

이 글을 쓰기 전에 "저 높은 곳을 향하여"라는 노랫가락이 나왔다. 찬양과 경배는 아니지만, 나의 믿음과 행동의 결심을 새롭게 하고 북돋는 노래이다. 주님께로 가면서도 보좌를 향해 올라가야 한다. 날마다 그리해야 한다. 의심의 안개가 걷히고 근심의 구름 없는 곳까지 올라가야 한다. 영적 상승과 영적 비상만이 나날이 면역력이 떨어지는 육체와 인내의 한계에 직면한 내 마음을 새롭게 할 수 있다.

오직 여호와를 앙망하는 자는 새 힘을 얻기 때문이다(사 40:31).

여호와를 기뻐하는 것이 우리의 힘이기 때문이다"(느 8:10).

값비싼 향유를 주께 드린

수년 전 고난 주간 수요일 새벽 3시 40분경에 "값비싼 향유를 주께 드린"이라는 찬송가가 속에서 울려 나왔다. 묵상을 하다가 다시 잠이 들었고 새벽 기도회 가기 위해 일어날 때는 "내 주되신 주를 참 사랑하고"라는 노래가 나왔다. 예수님께서 예루살렘성에 입성하시던 종려 주일부터 부활하시기까지 한 주간의 행적 중에 수요일은 베다니 시몬의 집에 머무시던 예수님께 한 여인이 값비싼 순전한 나드가 든 옥합을 깨뜨려 그분의 머리에 부은 날이다(막 14:3). 그 옥합 향유의 가치는 300데나리온으로 노동자의 1년 품삯과 맞먹는 큰돈이었다. 예수님은 이 여인의 행함이 금전적 가치를 넘어서서 그분의 장례를 준비하는 일이고, 복음이 전해지는 곳마다 이 여인의 일이 기념될 것이라고 하셨다. 그런데 "값비싼 향유를 주께 드린 막달라 마리아 본받아서"의 가사는 잘못되었다. 옥합을 깨뜨린 여인은 막달라 마리아가 아닌 다른 여인이었다. 그럼에도 불구하고 "향기론 산 제물 주님께 드리리 사랑의 주 내 주님께"라는 가사처럼 주님을 극진히 사랑한 여인은 가장 귀한 향유 옥합을 깨뜨려 그 사랑을 표현한 것이다. 이 여인은 향유뿐만 아니라 옥합까지 깨뜨렸다. 향유만 드릴 수 있었다. 다 쏟아도 다시 채울 수 있다. 그러나 옥합은 깨어지면 다시 사용할 수 없다.

향유는 우리의 은사, 재능, 달란트라고 할 수 있다. 우리는 은사와 재능을 주님께 드릴 수 있다. 그러나 옥합은 자신을 깨뜨린, 자신을 전부 드린 사랑을 의미한다. 주님은 그것을 칭찬하신 것이다. 주님은 은사나 재능이나 물질이나 봉사로 주님을 섬기는 것보다 자신의 전부를 드리는 사랑을 더 기뻐하신다. 주님이 자신을 온전히 우리를 위해 주셨듯이, 우리도 주님을 위해 우리의 전부를 드릴 수 있어야 한다. 하나님이 기뻐하시는 산 제사를 드릴 수 있어야 한다. 내 삶전부를 주님께 드려야 한다. "내 주되신 주를 참 사랑하고"는 그것을 연결해 주고 있다.

고난 주간을 보내면서 주님의 십자가의 희생과 대속의 은혜에 감격하고 구원의 사랑을 깊이 묵상하면서 주님을 이전보다 더욱 사랑한다는 고백을 원하심을 보여 주신 것이다. 마지막 때가 되면 사랑이 식어지고 교회까지도 주님을 향한 첫사랑을 잃어버리기 쉽다. 주님께서 에베소 교회를 향하여 "너의 처음 사랑을 버렸느니라"(계 2:4)고 책망하셨다. 하나님을 사랑하는 것이 우리를 사랑하사 그분의 아들을 버리신 하나님을 향한 큰 구원의 은혜와 사랑에 보답하는 최상의 믿음의 표현이다. "그런즉 믿음 소망 사랑 이 세 가지는 항상 있을 것인데 그중에 제일은 사랑이라"(고전 13:13)고 하셨다.

베드로는 "주는 그리스도시요 살아 계신 하나님의 아들이시니이다"(마 16:16)라고 고백하여 주님께 그 믿음을 칭찬받고 반석이란 이름을 받았지만, 가야바의 법정에서 예수님을 세 번이나 모른다고 부인하였다. 부활하신 주님께서 그에게 찾아오셔서 세 번 물으신 물음은 "네가 나를 믿느냐?"가 아니고, "네가 나를 사랑하느냐?"였다. 그러면서 베드로가 어떤 죽음으로 하나님께 영광을 돌릴 것을 가리키셨다(요 21:19). 믿음은 고백을 요구하나, 사랑은 희생을 요구한다. 믿음은 말로 표현할 수 있으나, 사랑은 오직 목숨으로만 증명할 수 있다. 주님은 십자가의 죽으심으로 우리를 향한 최대의 사랑을 표현하셨다.

주님 사랑은 말의 고백만으로는 안 된다. 그 사랑은 노래한다고 되는 것이 아니다. 사랑은 주님과의 연합을 말하는 믿음의 최고봉이다. 에베레스트산 정상에 오르는 것과 같다. 동네 뒷산을 올라 "야호!" 하듯이, 주님의 이름을 부르고 사랑한다고 고백하고, 노래한다고 주님을 진정으로 사랑하는 것이 아니다. 죄를 버려야 한다. 주님은 거룩하시기 때문이다. 그분의 계명을 지켜야 한다. 그래야 주님을 진정 사랑하는 것이다. 주님을 진정 사랑할 때 계명을 지킬 수 있다. 감사로 시작하여 주님을 찬양하고, 더 극진히 찬양하여 거룩한 산 중턱에 오르고, 영으로 그분의 영광을 선포하여 7부 능선을 오르고, 베이스캠프를 지나 정상에 오르는 수직 벽을 올라가야 한다. 숨이 턱턱 막히는 죽음의 위협을 이겨내야 마침내 거룩한 산에 오를 수 있다. 그곳에서는 신을 벗어야(자아, 육) 주님과의 연합의 기쁨을 맛볼 수 있다. "주님을 사랑합니다"라는 진정한 영의 고백을 할 수 있다. 그러면 현저하게 자유하고 주님을 자신보다, 세상보다 사랑하게 됨을 자신이 알게 된다.

우리가 아직 죄인 되었을 때에 그리스도께서 우리를 위하여 죽으심으로 하나님께서 우리에게 대한 자기의 사랑을 확증하셨느니라(롬 5:8).

주님께서 우리에게도 "네가 나를 사랑하느냐?" 물으시고 자기 십자가를 지고 따르라고 명하신다.

내 주되신 주를 참 사랑하고

어느 날 새벽에는 내 영 안에서 울려 나온 "내 주되신 주를 참 사랑하고"를 온종일 수십 번 불렀다. 2006년에 처음으로 "감사하라"는 음성을 듣고, "감사합니다. 땡큐 로드"를 수백 번 고백하기 시작한 지 5년 후에 "I love you Lord"를 수백 번 고백하는 마지막 단계에 이르렀다. 다시 수년이 흐르고 이제 "내 주되신 주를 참 사랑"하게 된 삶의 고백을 하게 하셨다. 매일의 습관이 일상이 되고 일상이 일생이 된다는 말이 있다. 사람의 성공과 실패가 습관에 달려 있다는 것이다. 이와 같이 영적 습관이 신앙생활의 성공과 실패를 가늠한다고 해도 과언이 아니다. 영적 습관도 길들이기 나름이다. 아무리 성령으로 거듭나도 영적 습관을 들이지 않으면, 새 생명의 단계이기 때문에 어린아이의 상태에 머물게 된다. 기도하는 습관, 말씀 읽는 습관, 말씀에 순종하는 습관, 감사하는 습관, 찬양하는 습관, 하나님께 영광 돌리는 습관, 회개하는 습관, 용서하는 습관, 거룩한 생각과 경건한 삶을 사는 영의 습관이 필요하다. 그렇지 않으면 우리는 육신의 생각과 습관을 벗어나지 못해 하나님의 의에 이르지 못하고 하나님을 기쁘게 하는 삶을 살아갈 수 없다.

바울 사도는 "너희는 죄로 너희 죽을 몸에 왕 노릇 하지 못하게 하여 몸의 사욕을 순종치 말고 또한 너희 지체를 불의의 병기로 죄에게 드리지 말고 오직 너희 자신을 죽은 자 가운데서 다시 산 자같이 하나님께 드리며 너희 지체를 의의 병기로 하나님께 드리라 죄가 너희를 주관치 못하리니 이는 너희가 법 아래 있지 아니하고 은혜 아래 있음이니라"(롬 6:12-14)고 하였다. 로마서 6장 22절에는 "그러나 이제는 너희가 죄에게서 해방되고 하나님께 종이 되어 거룩함에 이르는 열매를 얻었으니 이 마지막은 영생이라"고 하였다. 죄의 습관에 매여 살던 자가 거룩함에 이르는 영적 습관을 따라 종국에는 거룩함에 이르는 열매를 얻게 되었다는 것이다. 나아가서 바울 사도는 로마서 8장에서 "영을 좇는 자는 영의 일을 생각하고(5절), 하나님의 영이 거하시면 우리가 육신에 있지 아니하고 영에 있다(7절)"라고 하였다.

이와 같이 우리가 영을 좇는 영적 습관을 따라 살아갈 때, 하나님을 기쁘게 하고 승리하는 신앙생활을 할 수 있다. 기독교의 진리는 역설의 진리요, 영에 속한 사람은 육신의 법을 좇아 살지 않는다. 다윗과 바울은 고난 중에서도 감사하며 환난 중에서도 기뻐하는 영적 습관을 가졌기 때문에 오늘날 우리의 신앙 모본이 되었다. 다윗은 환난 중에 다닐 때에도 "내가 전심으로 주께 감사하며 신들 앞에서 주를 찬양하리이다"(시 138:1)라고 고백하였다. 그는 원수의 핍박과 압제 속에서도 "내가 전심으로 여호와께 감사하오며 주의 모든 기사를 전하리이다 내가 주를 기뻐하고 즐거워하며 지극히 높으신 주의 이름을 찬송하리이다"(시 9:1-2)라고 노래하였다.

바울은 빌립보 감옥에 갇히고 쇠사슬에 묶였어도 기도하고 찬미하였다. "밤중쯤 되어 바울과 실라가 기도하고 하나님을 찬미하매 죄수들이 듣더라"(행 16:25). 이는 그가 평소에 "항상 기뻐하고 쉬지 말고 기도하고 범사에 감사하는"(살전 5:16-18) 영적 삶의 습관을 가졌기 때문에 가능한 것이다. 그러므로 우리도 지금부터라도 영적 습관을 만들어야 한다. 영적 습관은 새벽 기도, 수요 기도회와 교회 모임에 참석하는 것을 말하는 것이 아니다. 감사하는 습관, 찬양하는 습관, 하나님을 기뻐하는 습관, 용서하는 습관, 사랑하는 습관 등 거룩하게 사는 습관을 말한다. 영적 습관은 육신의 습관과 생각의 습관을 바꾸기보다 힘들다. 죄의 습관과 육과 혼에 속한 습관을 버리고 "내가 거룩하니 너희도 거룩할지어다"(레 11:45)라고 하신 하나님을 본받는 영에 속한 삶을 위한 습관이기 때문이다.

나는 쉰한 살 때 하나님의 음성이 들려온 이후부터 영적 습관이 길들여지기 시작하였다. 구태의연한 신앙생활이 아닌 성령의 인도를 받고 순종하는 삶을 통해 영의 생각의 결과로 생명과 평안을 얻었고, 이전에는 어려웠던 항상 감사하고 하나님을 기뻐하는 찬미의 생활을 할 수 되었다. 나아가서 입술의 고백뿐만 아니라 나 자신보다도 하나님을 더 사랑할 수 있게 되었다. "내 주되신 주를 참 사랑하고 … 이전보다 더욱 사랑합니다"라는 고백이 진심이 된 것이다.

생각과 몸의 습관을 바꾸는데 21일이 소요된다고 한다. 지극히 개인적인 경험이지만 영적 습관이 바뀌고 길들여지는데 내 경우에는 두 달 반이 걸렸다. 그 시작은 감사할 조건이 없는 힘든 상황에서 새벽에 일어나자마자 들려온 "감사하라"는 성령의 음성이었다. 그날부터 "감사합니다. 감사합니다. 땡큐 로드"를 매일 수백 번씩 고백하였다. 때로 온종일 천 번도 넘게 했던 것 같다. 그랬더니 모든 것이 감사하였다. 두 달 반쯤 지나 감사가 입에 붙을 정도로 습관이 되자, 이번에는 "감사에 기쁨을 더하라"는 음성이 들렸다. 하나님을 찬송하라는 의미로 알고 매일 감사와 함께 찬송을 습관적으로 하였다. 그다음에는 극진히 찬송하게 되고, 하나님의 영광을 선포하며, "주님을 사랑합니다"라는 고백으로 이어지기까지 5년 넘게 영적 습관 만들기를 하였다. 이 결과로 얻은 영적 유익은 이루 말할 수 없다. 간단히 요약하면 감사, 찬송, 하나님을 기쁘게 하기, 하나님을 기뻐하기, 하나님 사랑, 생명과 평안이라고 할 수 있다. 그리고 현저하게 죄의 소욕이 줄어들었다. 주님을 사랑한다고 온종일 고백하면서 죄를 지을 수는 없기 때문이다.

성령을 받은 후, 그토록 이해되지 않고 생활화되지 못해 마음의 걸림돌이었던 성경 구절의 참된 의미를 깨닫게 되었고, 그 말씀에 근거한 삶을 살 수 있게 되었다. 그 말씀은 "너희는 마음에 근심하지 말라 하나님을 믿으니 또 나를 믿으라"(요 14:1)와 "항상 기뻐하라 쉬지 말고 기도하라 범사에 감사하라 이는 그리스도 예수 안에서 너희를 향하신 하나님의 뜻이니라"(살전 5:16-18)이다. 하루아침에 되지 않는다. 그러므로 늦지 않게 지금부터 중요한 영적 습관을 바꾸고, 좋은 영적 습관을 들이도록 결심하자. 그리고 행동으로 옮기자. 그리하면 평생의 신앙생활을 뛰어넘는 광야 탈출뿐만 아니라, 영적 가나안에 들어가는 초자연적인 영적 상승과 비상을 경험하게 될 것이다. 그것의 시작은 감사요, 다음 단계는 찬미이다. 당장 감사를 최소

한 300번 이상 고백해 보자. 그 결과는 모든 것이 합력하여 선을 이루심을 알게 될 뿐만 아니라, 생명과 평안 그리고 하나님의 사랑이 될 것이다. 그러지 않으면 늘 여전히 근심하고 걱정하고 염려하고 불안해하는 삶을 살아갈 수밖에 없다.

> 망령되고 허탄한 신화를 버리고 오직 경건에 이르기를 연습하라 육체의 연습은 약간의 유익이 있으나 경건은 범사에 유익하니 금생과 내생에 약속이 있느니라(딤전 4:7-8).

6장

하나님의
영광

기름 부음에서 영광의 영역으로

2016년 인천 마가의 다락방 3월 집회에 이어 5월 집회를 다녀왔다. 갈 때마다 하나님께서 미리 알려 주시는 것이 있었고, 그곳에서 깨닫게 한 것이 있었으며, 돌아와서는 주님께서 하신 일을 알게 하셨다. 이번에는 통곡과 영광이 있게 해달라고 기도하였다. 그리고 마가의 다락방에서 통곡이 시작되었고, 다른 두 곳에서는 춤을 추는 가운데 천사의 깃털이 떨어졌다. 한국에서는 그때까지 금가루는 많이 나타났으나 천사의 깃털에 대해서는 듣거나 본 적이 없었다. 집회한 네 곳 중에 두 곳에서 이런 일이 일어났다. 그리고 두 번째 집회에서 첫날 입은 정장 상의에 기름이 흥건하게 떨어져서 입지 못할 정도였다. 그뿐 아니라 공항에서는 이마와 가방 한 면을 끈적끈적하게 기름이 덮는 일이 일어났다. 한국 오기 이틀 전에 왼쪽 눈썹 위가 뜨겁고 근질근질했는데, 아마도 이마에 기름이 나는 현상이었던 같다. 또한 10년 전 영적 일지를 보게 하셨는데, "죄를 철저히 미워해야 한다.

높은 삶으로의 부르심

그래야 너를 쓴다"라고 적혀 있었다. 이를 통해, 거룩할 때 영광의 영역에서의 사역들이 풀어짐을 알게 하셨다.

　한국 방문은 2013년부터 시작되었고 이번이 여섯 번째이다. "죄를 철저히 미워해야 한다. 세상을 미워해야 너를 쓴다"라는 음성을 오래전에 들었지만, 깊이 생각하지 못했는데 10년 만에 다시 보게 하셨다. 거룩한 지성소, 영광의 영역에서 초자연적인 현상들이 나타나는 것을 미리 알려 주신 것이다. 그래서 다음에는 거룩의 영역에서 나타나는 초자연적인 회복과 부흥의 기적들을 기대할 수 있게 되었다. 갈망하는 사람들이 많이 모이면 모일수록, 이러한 역사들이 깜짝 놀랄 정도로 많이 일어날 것이다. 이번 방문을 통해 이제 한국 교회가 기름 부음의 영역에서 영광의 영역으로 올라가는 단계가 된 것을 알게 하셨다. 그동안은 기름 부음 사역을 오래 하는 가운데 누가 강한지 서로 경쟁하고 시기했는데, 영광의 영역에서 나타나는 일들로 인해 더욱 주님의 얼굴과 영광을 사모함으로 지성소의 영역으로 들어가는 은혜의 역사를 보게 되었다.

　그리고 그것을 선포한 계기는 마지막 집회 교회에서 워십할 때 나타났다. 무대의 막이 위에서 바닥에 닿을 정도로 내려오는 것을 보여 주셨다. 이제 기름 부음의 막이 끝나고 영광의 막이 시작된 것이다. 그것을 선포했을 때, 영광의 영역에서 기름이 나타나기 시작하였다. 집회 마치고 돌아가는 공항에서 옷과 이마와 심지어 가방 한 면에 찐득찐득한 기름이 흘러내린 현상은 거룩함과 관계된 것이었다. 스가랴서 14장 5절의 "모든 거룩한 자가 주와 함께하리라" 하신 말씀을 다시 한번 상기시키는 방문이었다. 이제 거룩한 지성소, 영광의 영역 안에서 초자연적인 회복과 부흥의 역사가 강렬히 나타날 것을 확신하고 더욱 죄를 미워하고 거룩함을 추구할 것이다.

하나님의 영광을 구함

우리는 하나님의 영광을 위해 창조되었다.

무릇 내 이름으로 일컫는 자 곧 내가 내 영광을 위하여 창조한 자를 오게 하라 그들을 내가 지었고 만들었느니라(사 43:7).

주의 얼굴과 영광을 구하는 것이 성도의 최대 목표가 되어야 한다. 모세는 "원컨대 주의 영광을 내게 보이소서"(출 33:18)라고 기도하였고, 다윗은 시편 63편 2절에서 "내가 주의 권능과 영광을 보려하여 이와 같이 성소에서 주를 바라보았나이다"라고 하였다. 우리는 모든 일이 잘되게 해달라고 기도하지 말고, 주님의 행사가 나타나게 해달라고 기도해야 한다.

주의 행사를 주의 종들에게 나타내시며(시 90:16).

사업을 축복해 달라고 기도하지 말고, 하나님의 영광을 위한 사업이 되게 해달라고 구해야 한다. 자녀들을 잘되게 해달라고 구하지 말고, 주의 영광을 자녀들에게 비춰 달라고 기도해야 한다.

주의 영광을 저희 자손에게 나타내소서(시 90:16).

교회의 부흥을 위해 기도하지 말고, 솔로몬 성전에 여호와의 영광이 가득했던 것처럼(대하 7:1), 주님의 영광이 임하는 교회가 되도록 기도해야 한다. 지금은 하나님의 영광을 구할 때이다. 영광은 큰 것(Big)이고 놀라운(Marvelous) 것이다. 지금은 하나님을 위해 큰 것(Big Things)을 구할 때이다. 지금은 하나님을 위해 새롭고 놀라운 것을 구할 때이다.

너는 내게 부르짖으라 내가 네게 응답하겠고 네가 알지 못하는 크고 비밀한 일을 네게 보이리라(렘 33:3).

내가 진실로 진실로 너희에게 이르노니 나를 믿는 자는 나의 하는 일을 저도 할 것이요 또한 이보다 큰 것도 하리니 이는 내가 아버지께로 감이니라(요 14:12).

영광이 임하면, 회복과 부흥이 일어날 것이다. 영광이 임하면, 초자연적인 하나님의 역사로 놀랍고 기쁜 일이 생길 것이다. 영광은 풍부한 재물까지 몰고 올 것이다.

그 때에 네가 보고 희색을 발하며 네 마음이 놀라고 또 화창하리니 이는 바다의 풍부가 네게로 돌아오며 열방의 재물이 네게로 옴이라(사 60:5).

현대 선교의 아버지 윌리엄 캐리는 "하나님께 위대한 일들을 기대하라! 하나님을 위해 위대한 일들을 시도하라!(Expect great things from God! Attempt great things for God!)"고 하였다. 하나님의 영광을 위해 구하는 것은 온 세상이라도 결코 크지 않다.

내게 구하라 내가 열방을 유업으로 주리니 네 소유가 땅 끝까지 이르리로다 (시 2:8).

이것은 하나님의 약속이다. "얼마든지"라고 하였다. 제한이 없다.

하나님의 약속은 얼마든지 그리스도 안에서 예가 되니 그런즉 그로 말미암아 우리가 아멘 하여 하나님께 영광을 돌리게 되느니라(고후 1:20).

네 입을 넓게 열라 내가 채우리라(시 81:10).

입을(기도를) 최대한 넓게 열자. 하나님이 채우시면 창고가 부족할 것이다. 2005년 5월 31일 새벽 3시에 하나님께서 깨우셔서 일어나 앉았다. 들리는 음성이 레이저 광선처럼 이마에 박혔다. "네가 믿으면 하나님의 영광을 보리라"(요 11:40)였다. 수년 전에는 새벽에 묵상할 때, 얼굴 앞으로 "재정을 풍성하게 쓰리라"는 주님의 음성이 임하였다. 영광과 풍성, 이 두 글자는 다가온 하나님의 부흥을 예언하신 것이다.

일어나라 빛을 발하라 이는 네 빛이 이르렀고 여호와의 영광이 네 위에 임하였음이니라(사 60:1).

네게 흑암 중의 보화와 은밀한 곳에 숨은 재물을 주어서 너로 너를 지명하여
부른 자가 나 여호와 이스라엘의 하나님인줄 알게 하리라(사 45:3).

이 부흥의 영광이 임하면, 그동안 궁핍하고 먹지 못하던 주의 종
들이 먹게 될 것이다.

이러므로 주 여호와가 말하노라 보라 나의 종들은 먹을 것이로되 너희는 주릴
것이니라 보라 나의 종들은 마실 것이로되 너희는 갈할 것이니라 보라 나의 종
들은 기뻐할 것이로되 너희는 수치를 당할 것이니라(사 65:13).

이 부흥의 영광이 임하면, 그동안 슬퍼하던 주의 종들이 기뻐할
것이다.

보라 나의 종들은 마음이 즐거우므로 노래할 것이로되 너희는 마음이 슬프므
로 울며 심령이 상하므로 통곡할 것이며(사 65:14).

이 부흥의 영광이 임하면, 그동안 사역이 없어 힘들어 하던 종들
이 쓰임받게 될 것이다.

나의 하나님 여호와께서 임하실 것이요 모든 거룩한 자가 주와 함께하리라
(슥 14:5).

하나님의 영광을 구하자! "너는 성경이 예언하고 있는 마지막 때 물이 바다를 덮는 것같이 여호와의 영광을 인정하는 것이 온 세상을 덮는 부흥의 주축이 될 것이다"라는 음성을 듣게 될 것이다.

대저 물이 바다를 덮음 같이 여호와의 영광을 인정하는 것이 세상에 가득하리라(합 2:14).

그 작은 자가 천을 이루겠고 그 약한 자가 강국을 이룰 것이라 때가 되면 나 여호와가 속히 이루리라(사 60:22).

영광의 영역

2005년 8월 중순, 일주일 사이에 오른쪽 무릎을 두 번 때린 하나님의 불이 처음에는 온몸 관절 마디마디를 끊어서 온 피부에, 두 번째는 같은 부위를 다시 한 차례 임하고 근육 깊이 임하였다. 두 달 반이 지났을 무렵, 핏줄 속에 들어가 돌며 온몸을 태울 때, 몇 가지 특별한 체험을 하였다. 하나는 따갑고 뜨거운 느낌과는 다른 왼쪽 팔을 오르락내리락 하는 전기였다. 전기가 통하듯 찌릿찌릿하면서 위아래로 왔다갔다하는 것이었다. 특별히 낮에 걷거나 움직일 때, 더 잘 느껴졌다. 외국 사역자들에게 물으니 기름 부음의 현상으로 몸에 전기가 통하는 것은 치유 사역을 위한 것이라고 하였다. 이후에 아픈 사람을 만지거나 기도할 때, 손끝에서 전기가 나가는 것을 느낄 수 있었고, 치유의 능력임을 깨달았다.

다른 하나는 불에 태워지면서 요엘서에 약속된 꿈과 환상이 임하였다. 그야말로 양동이로 쏟아 붓듯이 하루에 세 번씩 꿈과 환상이 4년 반 동안 매일 새벽에 임하였다. 이 꿈과 환상들을 통해 하나님께서 많은 것을 교정하시고, 가르치시고, 장래 일들을 알리셨다. 꿈은 스토리가 있었고, 많은 상징을 품고 있었지만, 대부분 무슨 의미인지 바로 알 수 있었다. 많은 영적 진리를 꿈으로 알려 주셨다. 그리고 삶의 목적과 방향, 앞으로 나타날 실제적 일들에 대한 구체적인 것들을 보여 주시면서 항상 꿈의 끝에는 음성도 함께 들려왔다. 그래서 그 꿈 전체를 통해 하나님께서 주시는 메시지를 알게 하셨다.

온몸이 따가워 침대에 눕지 못하고 거실의 소파에 등을 대고 다리를 구부린 채 새우잠을 자던 때였다. 새벽 3시만 되면 정확히 일어나게 하셨다. 그리고 묵상과 경배 중에, 비몽사몽간에 많은 환상을 통해 영적 진리와 마지막 때에 일어날 하나님의 크신 역사들과 순종할 때 나타나는 개인적인 약속에 대한 수많은 확증을 주셨다. 환상은 꿈에 비해 짧고 선명하고 사실적이었다. 그 안에서 나오는 행동에 대한 반응이 몸으로도 전해져 깜짝 놀라서 깬 경우가 한두 번이 아니다.

환상은 해석할 필요도 없이 실제적이었다. 꿈이 먼 미래를 보여 주는 것이라면, 환상은 곧 일어날 일에 대한 것이 많았다. 꿈에서도 공중을 날고, 지구 위에서 내려다보며 우주로 오르고, 천국 어느 장소로 끌려 올라가기도 하였다. 불세례가 임하여 몸 안팎이 태워지고 생각까지 태워질 때, 가장 강력했던 경험은 하나님 영광의 영역 안에 들어가게 된 것이다.

한번은 꿈에 땅부터 하늘까지 이어진 장대한 천국 문이 서서히 열리더니 문 밑에서 자욱한 흰 구름이 내 앞으로 밀려오는 것이었다. 그 영광의 무게에 눌려 몸이 앞으로 굽혀졌고 두 팔을 위로 올리고 얼굴을 땅에 대고 엎드렸다. 이 꿈 후에 밤낮으로 나흘간 하나님 영광의 영역에 들어가는 경험을 하였다. 마치 우주 공간을 떠다니는 것 같기도 하고, 마치 우주인이 중력이 약한 달 위를 걷는 것처럼 몸무게를 느낄 수 없을 정도로 가벼웠다. 폭신한 흰 구름 위에 누운 듯하였다. 너무나도 황홀하고 감미로운 느낌이었다. 하나님 영광의 아름다움을 맛보게 된 것이다. 지금까지도 이해할 수 없을 정도도 많은 초자연적인 현상들이 내 주위에서 일어나는 것을 보았다.

지금은 이 영광의 영역이 천사의 영역이다. 이 영광의 영역에서 강력한 치유와 초자연적인 이적과 기사가 나타나는 것을 사역 현장에서 보고 있지만, 그때는 영문도 모르고 몸으로 체험하고 있었다. 6개월 동안 불세례와 영광을 경험하고 2006년 10월에 타 주를 방문했을 때, 다시 한번 영광의 영역을 경험하고 천사의 방문을 받았다. 그 무게가 너무 무거워 일어날 수 없었고 걸어갈 때는 기다시피 하였다. 공항 가는 길에 한 식당에서 식사하다가 그 영광에 눌려 수저를 들지 못해 결국 음식을 먹지 못하고 땅바닥을 짚고 나와야 했다. 그것이 히브리어로 '카베드', 곧 무거움, 빛남, 풍부함, 존귀, 명성, 위엄을 뜻하는 하나님의 영광이었다.

하나님의 영광은 본질적으로 그분 존재의 일부이며, 하나님 나라의 공기요, 속성이다. 하나님께서 인간에게 능하신 일을 보여 주어 그분의 위대하심을 알리는 속성이 이 영광이다. 즉, 보이지 않는 하나님의 자기 현시력이라고 할 수 있다. 다른 말로 하면, 하나님 인격의 위대함이 거하는 천국의 현실과 그 공기가 이 땅에, 어떤 장소에 임하는 것을 의미하는데 그것을 현실적으로 체험한 것이다. 하나님의 위엄과 무거움과 찬란한 빛이 현실 가운데 나타나서 우리에게 그분의 능하심을 보여 주며, 그분의 위대하심을 알리는 속성인 것이다. 그러므로 우리가 하나님의 아름다움, 곧 쉐콰이나 하나님의 영광을 눈으로 볼 수 있고 몸으로 체험할 수 있는 것이다.

광야의 이스라엘 백성에게 불기둥과 영광의 구름기둥은 실제였다. 솔로몬 성전에 하나님의 불과 영광의 구름이 실제로 눈에 보이게 나타났다. 이 영광을 체험한 것이다. 그리고 그것은 하나님의 불이 제물을 태웠을 때, 솔로몬 성전에 가득하게 임하였던 하나님의 영광이라는 것을 알게 되었다(대하 7장). 이 영광의 영역에서 더 많은 꿈과 환상들이 부어졌는데, 특별히 나의 사역 중에 캘리포니아와 한국에서 어떤 일들이 있을 것인가에 대한 많은 계시적 꿈과 환상들이 내려왔다.

이 영광이 강렬해질 때, 들리는 하나님의 음성을 여러 번 들었다. 그중에 하나가 2006년 1월 26일 아침이다. 찬양하며 산을 다녀왔고 8시 30분경에 집 문을 열려고 오른손으로 문고리를 잡았을 때, 오른쪽 하늘에서 내 오른쪽 귀에 천둥같이 들려온 "하나님의 리콜 운동을 하라!"는 음성이었다. 지극히 개인적이지만, 하나님 영광의 영역의 체험을 할 때 나타나는 현상은 대체적으로 이러하다. 첫째, 꿈과 환상, 음성이 빈번해진다. 둘째, 초자연적인 일들이 일어난다. 셋째, 몸과 마음과 영이 자유하고 한없이 기쁘다. 넷째, 주님을 이전보다 더욱 사랑하게 된다. 이 영광이 온 세상에 가득하고 마지막 때 영광의 부흥으로 나타날 것이다.

여호와의 영광 곧 우리 하나님의 아름다움을 보리로다(사 35:2).

대저 물이 바다를 덮음 같이 여호와의 영광을 인정하는 것이 세상에 가득하리라(합 2:14).

이 전의 나중 영광이 이전 영광보다 크리라(학 2:9).

영광의 영역 수준

하나님의 소원은 그분의 백성이 영광의 영역 높은 수준으로 올라오는 것이다. 성경은 여러 곳에서 '높은 곳'에 대해서 말하고 있다.

주 여호와는 나의 힘이시라 나의 발을 사슴과 같게 하사 나로 나의 높은 곳에 다니게 하시리로다(합 3:19).

볼지어다 아름다운 소식을 보하고 화평을 전하는 자의 발이 산 위에 있도다 (나 1:15).

그는 높은 곳에 거하리니 견고한 바위가 그 보장이 되며 그 양식은 공급되고 그 물은 끊치지 아니하리라 하셨느니라(사 33:16).

높은 삶으로의 부르심

마지막 때에 하나님께서 그분의 백성에게 주실 새로운 기름 부으심은 하나님의 '새로운 것'을 붙드는 것이다. 이 큰 영광을 위한 부르심은 자아 포기와 큰 희생을 요구한다.

이제 하나님께서 굴복된 자녀들에게 적들을 패배시킬 보좌로부터 전략들을 계시할 것이다. 그리고 하나님의 일곱 영(사 11:2)의 위대한 수준을 경험하게 할 것이다. 새로운 권능의 겉옷을 줄 것이며, 이 겉옷은 그들을 새로운 지도력으로 덧입힐 것이다. 그들은 하늘의 권세와 통치를 경험하는 백성이 될 것이다. 이 새로운 겉옷이 그들의 삶과 사역과 여가와 사업과 가족들을 재정립할 것이다. 하나님께서 그분의 백성을 이 세상에서 경험하는 영광에서 영광의 높은 수준으로 옮기실 때, 그들은 점점 더 주님의 형상을 변화될 것이다.

> 우리가 다 수건을 벗은 얼굴로 거울을 보는 것 같이 주의 영광을 보매 저와 같은 형상으로 화하여 영광으로 영광에 이르니 곧 주의 영으로 말미암음이니라 (고후 3:18).

이제 하나님께서 의로운 자들을 택하여 큰 권능과 함께 하나님의 영광을 온 세상에 선포하게 하실 것이다. 이를 위해 하나님께 굴복된 의로운 자들, 하나님을 극진히 찬송하는 자들을 뽑고 계신다.

주님께서 말씀하신다. "작은 시작을 무시하지 마라. 나는 작은 것을 기뻐한다. 거기에 교만하지 않음과 겸손이 있다. 그러나 나는 큰 하나님이다. 이제 내가 작은 일을 통해 큰일을 시작할 것이다. 이제 나에게 선택받는 자들은 큰일을 행하게 될 것이다. 이 일이 일어나면

많은 사람이 '이것이 무엇인가?' 하고 놀랄 것이다. 그들은 '누구인가?'라고 물을 것이다. 나를 바라보라! 오직 나만 바라보라! 내가 이제 새롭고 큰일을 보일 것이다. 나를 바라보라! 폭풍 전야와 같은 침묵 속에 낙심치 마라. 지금은 낙심할 때가 아니다. 이 침묵 기간에 앞으로 다스리기 위해 내가 신뢰할 마음을 준비시키고 있다. 성품을 단련시키고 있다. 이제 선택받은 자들과 선택받지 못한 자들이 나올 것이다. 나의 음성 듣기를 배우고 또 배우라. 곧 많은 새로운 얼굴들이 일어날 것이다. 내가 나의 의와 찬송을 열방에 발할 영광의 군대를 준비시키고 있다. 나의 영광의 구름이 곧 땅에 임할 것이다. 그때에 쓰임받도록 준비하고 있으라. 초조하지 말고 신뢰심을 가져라. 감사하고 감사에 기쁨을 더하라. 그리고 현실이 약속과 거리가 멀다고 느껴질수록 극진히 나를 찬미하라! 나의 영광을 선포하라! 이제 곧 약속이 성취될 것이다."

> 성도들은 영광 중에 즐거워하며 저희 침상에서 기쁨으로 노래할지어다
> (시 149:5).

> 이런 영광은 그 모든 성도에게 있도다(시 149:9).

영광의 나타남

예배와 경배 가운데 하나님 영광의 영역이 나타난다. 초자연적인 현상과 사건이 현실 속에 나타난다. 푸른 쉐콰이나 영광의 빛이 보인

다. 빛이 번개처럼 번쩍이고 나타난다. 하나님의 영광을 찬송할 때, 번개가 나타나는 것이다.

> 하나님이 데만에서부터 오시며 거룩한 자가 바란산에서부터 오시도다 (셀라) 그 영광이 하늘을 덮었고 그 찬송이 세계에 가득하도다 그 광명이 햇빛 같고 광선이 그 손에서 나오니 그 권능이 그 속에 감취었도다 온역이 그 앞에서 행하며 불덩이가 그 발밑에서 나오도다(합 3:3-5).

그것은 계시적 빛이요, 진리와 능력의 빛이다. 그것은 권위와 치유와 다스림의 빛이다. 예배와 경배에 하나님의 보좌가 임한다.

> 보좌로부터 번개와 음성과 뇌성이 나고 보좌 앞에 일곱 등불 켠것이 있으니 이는 하나님의 일곱 영이라(계 4:5).

하나님께서 백성의 찬양 가운데 임재하시고, 하늘의 영광이 나타날 때, 음성들, 번개, 천둥이 있다. 하나님의 영광이 임할 때, 영광의 파도가 임할 때, 어떤 초자연적인 현상이 나타난다. 창의적인 기적과 치유, 재정적 기름 부음과 은총과 승진이 나타난다. 그 외 많은 보이는 초자연적인 현상이 나타나 현실 가운데 영광의 실체를 보여 주게 된다. 영적 · 초자연적인 축복이 현실 속에 나타나는 것이다. 하나님의 빛(번개)은 그분의 임재와 영광을 나타낸다. 주님께만 영광을 돌리고 주님의 이름만 드러내는 일이 나타날 때, 그분의 명성과 이름이 온 세계에 퍼지도록 사람들이 그분을 구하게 된다. 주님의 신부들은 모일 때마다 그분의 거룩한 아름다움 안에서 더욱 경배해야 한다. 주님은 유일한 분이시다. 모든 것의 모든 것이 되신다. 우리가 영이신 하나님을 신령과 진리로 예배할 것이다(요 4:24). 지금은 하나님께서 유다의 사자이신 예수님의 승리를 담대히 외칠 군사들을 부르신다. 다윗은 강한 용사들은 거룩함의 아름다움 안에서 주님을 예배할 것이라고 하였다.

> 너희 권능 있는 자들아 영광과 능력을 여호와께 돌리고 돌릴지어다 여호와의 이름에 합당한 영광을 돌리며 거룩한 옷을 입고 여호와께 경배할지어다 여호와의 소리가 물 위에 있도다 영광의 하나님이 뇌성을 발하시니 여호와는 많은 물 위에 계시도다(시 29:1-3).

거룩함이 곧 강력함이다. 하나님께서 얼마나 거룩하신가를 아는 아름다움이 요구된다. 그분의 거룩함의 영역 안에 있다는 것은 그분 영광의 영역 안에 있는 것이다. 이 영광의 영역 안에서 기도하고 찬송하고 선포할 때 어느 때보다도 더 많은 것이 이루어진다. 이 영광의 영역에서 영광이 임하면, 치유와 기적이 일어난다. 묵직한 영광에 잠기면 병이 낫고 악한 영이 떠나가고 암이 녹는다. 하나님의 불과 영광의 영역에서 강력한 치유가 나타나는 것이다. 이 영광의 영역에서 주님의 음성도 풀어진다. 하나님의 선하심을 노래하고 그분의 아름다움을 찬송하며 위엄에 경배할 때, 예언적·계시적 영역이 열리는 것이다.

여호와의 소리가 물 위에 있도다 영광의 하나님이 뇌성을 발하시니 여호와는 많은 물 위에 계시도다(시 29:3).

이 소리가 창조 때 나타났다. 창세기 1장 2-3절에서 하나님의 신이 수면에 운행하시고 하나님이 "빛이 있으라" 하시니 빛이 있었다. 이 영역에서 하나님의 음성이 들린다. 이는 창조적 음성이다. 무에서 유가 창조된 것 같은 주님 음성의 능력이 이러한 영광의 임재 가운데서 나타나는 것이다.

이 영광의 파도가 밀려오게 하소서!

물이 바다를 덮음 같이 영광이 온 세상을 덮는 영광의 부흥이 시작되게 하소서!

영광의 영역 안에서 영적 상승과 비상, 초자연적인 치유와 기적과 재정적 풍성함과 승진들을 경험하게 하소서!

여호와는 광대하시니 우리 하나님의 성, 거룩한 산에서 극진히 찬송하리로다 (시 48:1).

예수께서 가라사대 내 말이 네가 믿으면 하나님의 영광을 보리라 하지 아니하였느냐 하신대(요 11:40).

광야와 메마른 땅이 기뻐하며 사막이 백합화 같이 피어 즐거워하며 무성하게 피어 기쁜 노래로 즐거워하며 레바논의 영광과 갈멜과 사론의 아름다움을 얻을 것이라 그것들이 여호와의 영광 곧 우리 하나님의 아름다움을 보리로다(사 35:1-2).

영광의 부흥을 위한 예언적 약속의 포로

나는 지난 15년 동안 하박국과 학개 선지자가 예언한 마지막 날에 임할 영광의 부흥에 대한 약속의 포로가 되었다.

대저 물이 바다를 덮음 같이 여호와의 영광을 인정하는 것이 세상에 가득하리라(합 2:14).

이는 주님 오시기 전 마지막 영혼 대추수를 위한 시대적 영광의 부흥이다. 성경의 시대적 예언의 약속이 내 개인에게 주어지기 시작한 때는 2005년 5월 31일 새벽 3시에 깨우셔서 이마 정중앙에 레이전 광선처럼 쏘아진 주님의 음성이었다 "네가 믿으면 하나님의 영광을 보리라"(요 11:40). 그 후부터 수없이 들려온 주님의 음성은 이 영광의 부흥을 맞이하기 위해 필요한 믿음과 순종과 희생과 인내의 여정이었다. 이를 위한 정결함과 하나님 영광의 임재와 그분의 성품과 앞으로의 사역에 필요한 은사와 능력에 대한 것이었다. 마지막 영광의 부흥은 하나님의 때, 시대의 때에 쓰시기 위해 사람을 준비시키시는 인간의 때를 위한 준비 과정을 통해 주어진다. 이를 위해 처음부터 "믿음 시험"이라 하셨다. 한국에 못 가게 하시고 전공도 살리지 못하게 하시고, 주님을 위해 어떤 사역도 못하게 하셨다. 그냥 훈련과 준비 과정으로 이끄셨다. 그러시면서 "Revival Glory(부흥의 영광)"이라 하셨고, 이를 위해 경배의 최고 표현인 춤을 추라 하셨다. 이 모든 과정에 순종하면서 3년 동안은 매주 토요일에 모여서 2시간 동안 춤을 추며 하나님을 경배하였다.

나는 통곡 – 불세례 – 하나님의 영광 – 하나님의 능력을 통한 한국 교회의 회복과 부흥의 비전을 받았다. 그런데 1차 비전은 캘리포니아와 LA 부흥과 직결되어 있었다. 이를 위해 15년간 예언적 약속의 포로가 되었던 것이다. 영문도 모르고 하나님의 음성에 순종하기 시작한 초창기에 주어진 음성이 "You will be a part of California Revival!(너는 캘리포니아 부흥의 한 부분이 될 것이다!)"이다. 그러시면서 "LA에 교회를 개척한다"고 하셨고, 교회가 빌딩이 될 것이며 그 빌딩을 푸른 하나님의 영광이 덮는 것을 보여 주셨다. 또한 LA에서 가장 높은 빌딩이 '우르르' 흔들리는 비전을 보여 주셨다. LA를 흔들고 캘리포니아를 진동시킬 영광의 부흥을 보여 주신 것이다. 캘리포니아는 아주사 부흥이 한창 절정을 이룬 1909년의 100여 년 후에 전무후무한 부흥이 일어날 거라는 예언의 약속을 가지고 있다. 이 부흥은 '오순절 이후 일어난 모든 역사적 부흥을 합친 것보다 크고 강력한 마지막 부흥이 될 것'이라는 것이다. 그리고 이 부흥이 이곳에서 일어나면 곧 전 세계를 향해 퍼져 나갈 것이다. 그 100여 년이 이미 110년을 넘었기 때문에 더는 지체되지 않고 부흥이 일어날 시점에 와 있는 것이다.

예언적 약속이 개인에게 주어지면 그에 맞는 그릇으로 준비되기 위해 인도하시는 주님의 음성과 성령의 인도를 따라 순종해야 한다. 이는 자신의 계획을 모두 포기하는 것을 포함한다. 내가 원하는 장소로 마음대로 옮길 수도, 힘들다고 다른 일을 할 수도 없다. 오직 주어진 시대적 사명을 위해 준비되어야 하고 때를 기다려야 한다. 이는 하나님이 내 마음에 소원을 주셔서 하는 일(빌 2:13)의 차원을 넘어서는 주 예수께 받은 궁극적 사명(행 20:24)을 위한 사역이기 때문이다.

하지만 시대적 예언의 약속을 받고 기다리는 것은 고독하고 힘들다. 다른 사람들이 이해할 수도 없고, 때로는 자신도 인내의 끝에 서 있는 것 같은 한계를 느끼기 때문이다. 스가랴 선지자가 소망을 품은 갇혔던 자(슥 9:12)들이라 말한 것처럼, 예언적 약속의 포로가 된 것 같은 느낌 때문이다. 그런데도 그것이 사람으로부터 주어진 약속이 아니고, 자기 생각에서 나온 음성도 아니며, 하나님께서 말씀하시고 또 말씀하신 약속이기 때문에 아무리 힘들고 아무리 세월이 흘러도 벗어날 수도, 포기할 수도 없는 것이다. 예순여덟이면 무엇을 이룰 수 있는 나이가 아니다. 내 힘으로는 이룰 수 있는 일이 아니기 때문에 그 부흥의 약속이 시대적이고 하나님께서 친히 이루실 약속임을 더욱 믿게 되는 것이다. 그리고 예순여덟 이후에 어떤 일이 일어났다고 하면, 그 사실만으로도 실의에 빠진 수많은 사역자가 움직일 것이다. 반드시 전국적인 운동이 될 이유가 여기에 있다. "어떤 일이 일어나거든"이라 하셨다. 어떤 일이 일어날 것이다. "하나님이 하셨다"고 하셨다. 나는 돈도 없고 힘도 없다. 이제는 젊지도 않다. 그러나 하나님이 하신다는 것이다. "모든 사람을 초청하여 파티하라"고 하셨다. 모든 사람이라고 할 때, 300명 정도 초청해야겠다는 생각이 들었다. 지난 10년 간 킹덤 빌더즈 집회에 다녀간 사람이 2천 명이 넘는다. 금방 부흥이 안 일어나서 이 일을 믿지 못하는 사람들도 있겠지만, 부흥에 대한 궁금증과 기대와 관심을 저버리지 않고 초청하면 올 사람들이 있을 것이다. "하나님이 하셨다 하고 파티하라"

높은 삶으로의 부르심

고 하셨다. 한국 사람들이 모이면 일상적인 뷔페나 바베큐 식당이 아니라, 디즈니랜드 근처에 있는 호텔을 빌려 조금은 격이 있는 서양식 만찬을 하게 될 것이다. 그리고 춤을 추며 하나님을 경배하고 시대적 부흥의 비전을 함께 나누며, 영광의 부흥의 시작을 기뻐할 것이다. 그리고 "납작 엎드려 섬기라"고 하셨다. 오중 사역이다. 목사와 교사와 복음 전하는 사역과 능력 전도를 통한 사도적 사역과 함께 육신과 심령을 치유하며 하나님께서 주시는 시대적 · 예언적 메시지를 선포하며 성도들을 세우는 선지자 사역을 포함하게 될 것이다. 지식의 말씀으로 치유 사역과 병을 고치고, 귀신을 내어쫓는 능력 사역 그리고 아이들과 청년들과 평신도들에게 주어진 은사를 북돋는 사역을 하게 될 것이다.

무엇보다도 하나님만을 경배하며 그분의 얼굴과 영광을 사모하는 영광의 집, 부흥의 센터가 되기를 힘쓸 것이다. 이제 곧 약속하신 100여 년 이후에 올 캘리포니아 부흥이 일어나면, 1906년 아주사 부흥이 일어난 다음해 1907년 평양 대부흥이 일어난 것처럼, 이 부흥이 다시 한번 한국 교회의 회복과 부흥으로 이어질 것이다. 이를 위해 긴박한 국제 정세와 북한과의 전쟁 위기 속에서도 역사를 주관하시는 주님께서 피 흘림이 없는 통일을 주시도록 기도해야 할 것이다. 우리 각자에게 하나님이 여러 번 분명하게 보여 주신 예언적 약속은 상황과 상관없이 실행할 힘이나 사람이나 재정이 없을지라도 포기하지 않으면 반드시 이루어진다. 필요한 것은 오직 믿음뿐이다.

"네가 믿으면 하나님의 영광을 보리라!"

"한꺼번에 부흥이 일어날 것이다!"

"돈을 풍성하게 쓸 것이다!"

"풍성한 재정이 올 것이다!"

"어마어마한 체크(재정)가 올 것이다!"

"사람들이 스타디움에 빽빽이 들어 서 있다. 사람들이 교회에 빽빽이 들어 서 있다!"

한국을 향한 예언적 약속

"하나님의 리콜 운동을 하라!"

"여자 목사 천 명만 한곳에 모아 놓아라. 통회개가 일어날 것이다!"

"3천 명의 목회자들이 실내 체육관에 모여 있을 때, 뇌성마비가 치유될 것이다! 하나님의 능력이다!"

하나님의 파티

한 해가 저물어 가는 연말에는 곳곳에서 송년회와 파티가 열린다. 오래전 하나님의 파티에 대한 꿈과 음성을 주셨다. 이것은 하나님이 가져오시는 부흥을 말한다. 꿈에 파티가 열린다고 해서 가보니 왼편에 여러 개의 하얀 변기가 칸막이 없이 놓여 있었다. 그런데 사람들이 용무를 보고 물을 내리지 않았다. 마음속으로 물을 내려야 한다고 생각하였다. 중간에는 여러 개의 샤워기가 있었고, 테이블에는 많은 음식이 준비되어 있었다. 그리고 샤워를 해야 파티에 참석할 수 있음

높은 삶으로의 부르심

을 알게 되었다. 물을 내리지 않은 변기는 회개를 상징하고, 샤워는 용서를 의미하는 것 같았다. 수많은 사람이 회개와 다른 사람을 용서하지 않고 하나님의 파티(부흥)에 오려고 한다. 깨끗한 옷은 샤워 후에 입어야 한다. 깨끗한 옷을 입지 않으면 파티에 참석할 수 없다. 하나님의 파티에는 정결한 자만이 참석할 수 있다.

그 이후에 하나님의 파티에 대한 음성이 들려왔다. "어떤 일이 일어나거든 하나님이 하셨다 하고 모든 사람을 초청하여 파티하고 납작 엎드려 섬겨라!" "어떤 일이 일어나거든"은 하나님께서 시작하시고 주도하시는 부흥(초자연적 재정을 포함)을 말한다. 이는 전적으로 하나님께서 하시는 시대적인 부흥이다. 사람이 하는 것이 아니다. 전적으로 "하나님이 하셨다" 하라는 것이다. 이를 위한 준비와 기다림을 하나님이 아신다. 그리고 "모든 사람을 초청하여 파티하라"고 하셨다. 그동안 부흥을 사모하여 다녀간 모든 사람에게 알리고 초대해서 좋은 장소에서 좋은 음식을 대접하고 교제하고 하나님께 영광을 돌리라는 것이다. 그리고 마지막으로 "납작 엎드려 섬겨라"는 나타내지 말고, 교만하지 말고, 주장하지 말고 청지기가 되라는 것이다. 엄지손가락이 모든 손가락을 아래부터 터치하듯이 사도적 섬김의 모범을 보이라는 의미이다. 고기와 떡을 큰 알루미늄 볼에 덥히는 장면과 함께 여행 가방을 준비하는 장면을 보여 주셨다. 하나님의 파티, 부흥이 시작된 것이다. 그리고 집회를 위해 나갈 것을 보여 주셨다. 파티에 가려면 샤워를 하고 깨끗한 옷을 입고 단장해야 하듯이, 하나님의 파티인 부흥에 참예하려면, 회개와 용서 그리고 정결함의 옷과 거룩함의 용모로 단장해야 한다.

하나님을 따라 의와 진리의 거룩함으로 지으심을 받은 새 사람을 입으라
(엡 4:24).

모든 거룩한 자가 주와 함께하리라(슥 14:5).

하나님의 파티인가, 사람의 파티인가?

크리스마스와 연말 분위기 속에 곳곳에서 파티가 열린다. 교회도 성탄 축하 준비에 여념이 없다. 그러나 성탄 축하가 아니다. 만왕의 왕으로 태어나신 예수님은 사람의 수준에서 축하받으실 분이 아니시다. 그분은 인간으로 오신 메시아이고 마땅히 경배받으셔야 할 하나님이시다. 우리는 호적 하러 온 많은 사람 때문에 묵을 숙소가 없어 말구유에 태어나신 예수님을 생각해야 한다(눅 2:1-7). 주객이 전도되면 안 된다. 우리는 하나님을 기뻐하고 하나님께서 행하시는 일을 기뻐해야 한다. 성탄절이라고 교회 사람들이 모여서 축하하고 즐기는 것이 아니다. 그것은 인간의 행사요, 기념이다. 성탄 칸타타하고, 성극하고, 사진 찍는 그 자체를 기뻐하고 즐거워해서는 안 된다. 우리를 구원하기 위해 인간의 몸을 입으시고 오신 구세주이신 예수 그리스도를 깊이 생각하며 다시 오실 재림의 주님을 대망하는 절기가 되어야 한다. 오직 예수 그리스도만 경배를 받으셔야 한다.

요즈음 성탄절이 이방 종교의 태양신 축제일이라고 주장하는 이들이 있다. 메시아닉 교회는 예수님 탄생하신 날을 유대력 7월경의 (태양력 9~10월) 초막절이라고 한다. 역사적으로 그럴 수도 있을 것이

다. 그러나 중요한 것은 어느 날이 아니라 주님의 탄생을 기억하고 오실 주님을 대망하는 날이면 될 것이다. 그날이 태양신 축제일이라고 해서 태양신을 섬기는 것은 아니다. 1년의 모든 날이 하나님이 허락하신 날이다. 그리고 태양신은 우리에게 존재하지도 않는 허상일 뿐이다. 천지를 창조하시고 말씀이신 하나님이 육신으로 오신 주님을 경배하면 되는 것이다.

마태복음 22장에서 예수님은 왕의 아들의 잔치에 대한 비유를 말씀하셨다. 청함받은 사람들이 오지 않자 군대를 보내서 그들을 다 진멸하고 길거리에서 아무나 오게 하였다. 그러나 예복을 입지 않은 사람은 쫓겨났다. 그러면서 청함받은 자는 많되 택함받은 자는 적다고 하셨다(마 22:14). 우리는 하나님의 마지막 부흥의 파티에 참예하기 위해 깨끗하고 정결한 행실의 예복을 입어야 한다. 신랑의 혼인잔치에 참예할 수 있는 흠 없고 점 없는 거룩한 신부로 단장해야 한다. 주님 오시기 전 마지막 영광의 부흥의 역사에는 오직 거룩한 자들만 주와 함께할 것이기 때문이다(슥 14:8). 주님의 초림을 기억하고 그분을 경배하면서 재림 주로 오실 주님의 혼인잔치에 참예하기 전, 열방을 추수할 마지막 영광의 부흥의 일꾼으로 준비되자. 추수할 것은 많되 추수할 일꾼이 적다(마 9:37). 그들은 정결하고 거룩한 주님의 신부의 군대일 것이다.

우리가 즐거워하고 크게 기뻐하여 그에게 영광을 돌리세 어린 양의 혼인 기약이 이르렀고 그 아내가 예비하였으니 그에게 허락하사 빛나고 깨끗한 세마포를 입게 하셨은즉 이 세마포는 성도들의 옳은 행실이로다 하더라(계 19:7-8).

7장

영광의
부흥

부흥의 영광(Revival Glory)

2014년 12월 31일 새해를 위해 기도할 때, "Revival Glory"라는 음성이 들려왔다. 이사야 선지자와 하박국 선지자가 예언한 물이 바다를 덮음 같이 여호와의 영광을 아는 지식이, 여호와의 영광을 인정하는 것이 온 세상에 가득할 것을 예언한 그 부흥이다.

나의 거룩한 산 모든 곳에서 해됨도 없고 상함도 없을 것이니 이는 물이 바다를 덮음 같이 여호와를 아는 지식이 세상에 충만할 것임이니라 그 날에 이새의 뿌리에서 한 싹이 나서 만민의 기호로 설 것이요 열방이 그에게로 돌아오리니 그 거한 곳이 영화로우리라(사 11:9).

대저 물이 바다를 덮음 같이 여호와의 영광을 인정하는 것이 세상에 가득하리라(합 2:14).

조나단 에드워드와 아주사 부흥의 주역 윌리엄 시무어, 찰스 파함 등 많은 부흥 사역자와 예언자들을 통해 예견된 제3의 부흥의 물결의 시대가 도래하였다. 2015년 1월부터 이 영광의 부흥을 위해 3년 동안 매주 토요일 저녁에 모여 5시간씩 기도와 경배에 힘썼다. 이 영광의 부흥은 "성도의 권세 시대"라고 일컬어진다. 미국에서 1940~50년대에 세계적 부흥이 일어나 수백만 명이 주님께로 돌아오고 수많은 치유가 일어났다. 그 시대의 교회는 기름 부음 받은 몇 사람을 통해 하나님 나라의 능력이 미국과 전 세계에 나타나는 것을 경험하였다. 50~60년이 지난 지금 영광의 세대가 일어나고 있다. 지구를 덮고 마지막 추수를 가져올 새로운 영광의 부흥 시대가 도래한 것이다. 이제는 소수의 기름 부음 받은 사역자들을 통해서가 아니라, 청년과 평범한 성도들이 하나님의 임재와 능력을 통해 놀라운 치유와 이적과 기사들을 나타내어 수많은 사람을 주께로 돌아오게 하는 성도의 권세 시대가 온 것이다.

이를 위해 하나님께서 초대교회처럼 이적과 기사로 역사할 사람들을 준비시키고 있다. 큰 부흥이 일어나면, 교회 건물이 감당하지 못해서 체육관과 스타디움에 모이고, 나중에는 광장에서 모일 것이다. 이를 위해 2010년도에 주님은 "거대한 무리가 올 것이다"라는 음성을 나에게도 들려주셨다. 그리고 이 영광의 부흥은 엄청난 치유와 기적을 동반할 것이라고 하셨다. 이 부흥의 때는 기적들과 큰 영광의 시즌이다. 하나님께서는 우리 모두가 이 안으로 들어가기를 초청하신다. 우리는 놀라운 치유와 이적과 기사들이 쉬워지는 이 영광의 새 시즌 안으로 들어가기 위해 준비되어야 한다.

지금은 우리의 평범한 믿음을 초자연적인 믿음으로 전환 시킬 때이다. 지금은 병든 자를 위해 손을 얹고 기도해야 할 기회의 때이다. 전 세계적으로 거대한 치유의 은총이 하늘에서 풀어지고 있기 때문이다. 그리고 하나님을 사모하는 사람들에게 성령의 기름 부으심뿐만 아니라, 하나님의 불과 영광과 능력이 임하고 있다. 이를 위해 불세례와 하나님의 영광을 갈망하고 사모해야 한다. 지금 그리스도의 몸 위에 권능의 겉옷들이 풀어지고 있으며, 그 권능의 겉옷을 입힐 사람들을 하나님께서 찾고 계신다.

여호와의 눈은 온 땅을 두루 감찰하사 전심으로 자기에게 향하는 자를 위하여 능력을 베푸시나니 (대하 16:9).

이는 영광과 창조적 기적들의 겉옷이다. 이 겉옷 속에 하나님과의 깊은 친밀감의 은혜와 기적을 행하는 특출한 능력이 숨겨져 있다. 치유를 비롯한 이적과 기사들은 교회뿐만 아니라, 시장과 거리, 학교와 병원과 백화점에서도 일어날 것이다. 하나님의 백성이 가는 곳마다 이러한 일들이 일어날 것이다.

그래서 도시와 나라에 부흥이 일어날 것이다. 그들 위에 하나님의 영광이 임해 그들이 영광의 집이 되고 영광의 문이 될 것이며, 그들은 한 곳에만 머물지 않고 '움직이는 영광(Moving Glory)'이 될 것이다. 그들은 하나님의 무거운 영광의 무게에 무너져 내린 자들로 자아의 죽음을 경험했으며, 완전한 굴복을 통한 복종과 하나님의 보좌 사이에 아무것도 놓지 않는 친밀한 경외를 삶의 방법으로 소유하게 될

높은 삶으로의 부르심

것이다.

2010년도 영적 일지에서 우리 교회 일곱 살 주안이가 어느 집사님에게 한 말을 기록한 것을 다시 읽었다. "나는 로봇이다. 주님이 조종하는 대로 움직이는 로봇이다. 그런데 집사님은 아직 로봇이 아니다."

아이가 한 말 치고는 영적 의미가 심오하다. 영광의 부흥에 쓰임받는 사람은 스스로는 아무것도 할 수 없다고 여기고, 주님이 조종하는 대로 움직이는 사역자가 되어야 한다는 것이다. 그래서 '부흥의 영광, 움직이는 영광'인 것이다. 광야에서 이스라엘 백성은 구름기둥이 움직이면 움직이고, 머물면 머물렀다. 구름기둥이 움직일 때, 움직이지 않으면 광야의 뜨거운 햇볕에 죽을 수밖에 없다. 그러나 하나님의 영광 안에 머물고 하나님의 영광과 함께 움직이면 아무리 흑암이 깊어도 살 것이고, 열방과 나라들, 무수한 영혼이 돌아오는 마지막 거대한 추수의 사역자로 쓰임받게 될 것이다. 지금은 거대한 추수를 위해 추수할 일꾼을 부르시는 때이다. 영광의 부흥을 위해 추수할 일꾼이 준비되면, 본격적인 영광의 부흥이 시작될 것이다. 하나님의 리콜 운동, 하나님의 마지막 추수 운동이다.

이 전의 나중 영광이 이전 영광보다 크리라 만군의 여호와의 말이니라 내가 이 곳에 평강을 주리라 만군의 여호와의 말이니라(학 2:9).

이에 제자들에게 이르시되 추수할 것은 많되 일꾼은 적으니 그러므로 추수하는 주인에게 청하여 추수할 일꾼들을 보내어 주소서 하라 하시니라(마 9:37-38).

한꺼번에 부흥이 올 것이다!

수년 전 새벽꿈에 20여 년 동안 부흥을 이끈 세계적인 사역자를 만나 "왜 교황을 만나는 것이 영광이라고 말하는가? 그것은 잘못되었고 당신의 시대는 끝났다"고 말했다. 이 꿈은 지금까지 기도하고 기다렸던 것들이 한꺼번에 온다는 사인이다.

이제부터 은사와 사람들과 재정이 더할 것이다. 새 일이 시작될 것이다. 역사상 가장 큰일들이 일어날 것이다. 썰물이 빠지고 밀물이 들어오기 시작하는 것처럼, 지난 부흥의 시대가 끝나고 새 부흥의 시대가 도래하였다. 그동안의 기름 부음의 막이 내리고 이제 영광의 막이 올라갈 때이다. 이전 영광보다 더 큰 영광이 임하여 교회가 영광에서 영광으로 이를 것이다. 지금은 과도기에 서 있다. 이러한 하나님의 새 역사를 받아들이고 이에 굴복할 수 있어야 한다.

기름 부음은 목적이 있다. 사람들이 하나님이 어디 있느냐고 물을 것이다. 그때 하나님의 사인이 보여질 것이다. 하나님께서 그분의 백성에게 말씀하기 원하신다. 한 기적이 천 말씀의 능력을 가졌다. 기름 부음의 목적은 마귀를 멸하는 것이다. 하나님의 백성을 자유롭게 하기 위한 것이다. 하나님의 임재를 구하면, 기름 부음이 따라오고, 하나님과 친교가 있으면, 하나님의 영광이 임한다. 이를 위해 회개를 통한 굴복이 먼저이다. 다음에 하나님의 불이 임하고 영광이 임하면, 하나님의 능력이 나타난다. 병 고침은 쉽다. 주님의 명령이다. 하나님만을 찬양하고 기뻐하여 춤추어야 다가온 부흥을 놓치지 않을 것이며, 그 부흥이 지속될 것이다. 많은 사람이 이 새로운 영광의 부

높은 삶으로의 부르심

흥의 역사를 위해 준비되고 있다. 지금 조개가 아픔 속에 진주를 만들고 있다. 이를 위해 과거나 미래까지도 포함하여 입을 열지 말아야 한다. 하나님께만 중심을 올려 드려야 한다. 사명과 사역의 관점에 집중해야 한다. 이제 빠르게 회복을 넘어서 초자연적 부를 주신다.

이를 위해 '이제 바쁘게 일해야겠다. 한꺼번에 모든 일을 해야겠다'는 생각을 주셨다. 다가온 부흥을 위해 30명의 사역자가 준비되어야 한다. 워십팀과 청년들과 아이들을 포함하여 치유 사역팀과 예언 사역팀과 능력 전도팀을 훈련해야 한다. 기도센터와 선교센터와 세계 추수를 위한 영적 사역자 양성을 위한 킹덤 빌더즈 대학과 목회자 및 선교사 영적 재훈련을 위한 영적 전진기지가 준비되어야 한다. 각종 도서 발간과 번역을 위한 출판사와 영광의 부흥을 위한 컨벤션 센터와 숙소도 주어질 것이다. 육체적으로 정신적으로 영적으로 한계에 도달한 상황 속에서도 실내 체육관에 수천 명이 발 디딜 틈이 없을 정도로 가득 차는 꿈을 보여 주셨고, 지난 시대가 끝나고 새 시대가 시작될 때가 되었다는 꿈을 주셔서 이 글을 쓰고 있다. 이제 하나님의 영광이 더 증가되어 영광이 강력하게 머물면 홍콩에서도 올 것이고, 우리 치유팀이 남아프리카 공화국과 브라질에 갈 것이라는 예언의 약속을 받았다.

수년 전 주님이 왼쪽 귀에 속삭이듯이 "한꺼번에 부흥이 올 것이다. 딸(은사)은 더할 것이다. 여름(부흥)에는 정(사랑)으로 한다"고 말씀하신 것의 성취가 이제 시작될 것이다. 이를 위해 시대적으로 영광이 머무는 영광의 집(사 60:7)이 되는 것이 핵심이다.

일어나라 빛을 발하라 이는 네 빛이 이르렀고 여호와의 영광이 네 위에 임하였음이니라(사 60:1).

지금부터 오는 부흥은 세계적인 것이다!

이 말은 준비되면 반드시 세계적으로 쓰임받게 된다는 의미이다. 한국에서 3주 집회를 마치고 미국으로 돌아와 토요일 오후부터 시작한 킹덤 빌더즈 '부흥의 영광' 집회에 하와이와 호주 그리고 캐나다에서 온 사람들까지 여러 민족과 다양한 인종이 모여 찬양하며 기도하였다. 여기에 조세핀 목사의 설교와 예언 사역이 있었다. 새벽 1시가 넘어도 모두들 떠나기를 아쉬워하였다. 하늘에서 불이 떨어지고 영광이 더욱 강하게 임하고 부흥이 일어났다는 소문이 나면, 순식간에 세계 여러 나라에서 모여들 것이라는 예언이 한층 실감이 났다. 오순절 마가 다락방에 성령의 강림을 통해 일어난 부흥은 강력했지만, 지역적인 것이었다.

영국의 존 웨슬리 부흥, 18세기 미국의 조나단 에드워드를 중심으로 일어난 1차 대각성 운동과 19세기 찰스 피니로 대표되는 2차 영적 대각성 운동 그리고 20세기 초 영국의 이반 로버츠를 통해 일어난 웨일즈 부흥과 캘리포니아의 윌리엄 시무어를 통해 일어난 아주사 부흥 등이 세계적인 영향을 끼친 것은 사실이지만, 오랜 세월을 통해 극히 부분적인 지역으로만 퍼져 나갔다. 그러나 지금부터 오는 마지막 부흥은 세계적인 것이다.

미디어의 발달로 어디에서 부흥이 일어났다고 알려지면, 순식간에 세계에서 사람들이 몰려올 것이다. 성경이 예언한 물이 바다를 덮음 같은 부흥이기 때문이다. 캘리포니아에는 아주사 부흥(1906~1913) 100여년 후에 전무후무한 부흥이 올 것이라는 예언이 있다. 1909년에 그 예언이 선포된 지 올해로 112년이다. 이제 예언의 성취가 일어날 분기점에 다다른 것이다. 아주사 부흥 때 하늘에서 내린 불이 15미터나 하늘로 치솟고, 또다시 하늘에서 내려오는 불과 합쳐 불꽃을 일으키는 것을 보고 소방차가 불을 끄러 왔다는 기록이 있다. 킹덤 빌더즈와 하리운에 주신 예언의 말씀은 '부흥의 영광'이며, 하나님의 불, 하나님의 영광, 하나님의 능력이 개인과 가정과 교회와 민족을 회복시키며 50여년 만에 다시 한번 부흥을 일으킨다고 하였다. 그리고 "영광이 임하면 통곡이 일어난다. 영광이 임하면 암이 녹는다"라고 말씀하셨다.

이제 도시마다 통곡이 일어나고 불이 내리고 영광이 임하면, 반드시 전국적인 부흥이 일어나고 그 부흥은 세계적이 될 것이다. 이 부흥을 위해 준비되면, 세계적인 사역자로 쓰임받게 될 것이다. 여권 발급이 쉽지 않았던 80년대에 외국으로 가는 큰아들을 위해 거제도 기도원과 시골 교회 강단에서 무릎 꿇고 한 기도가 "세계적으로 쓰임받게 해달라"였다는 사실을 아버지가 돌아가신 지 15년이 넘어서 어머니에게 들었다. 수년 전에 인도에서 토마스 예언자가 "세계적으로 알려질 것이다. 홍콩에서도 사람들이 올 것이며, 홍콩에 가서 집회를 인도할 것이다. 남아프리카 공화국의 두 도시에 알려져 스타디움에 설 것이다. 팀과 함께 브라질의 스타디움에서 치유 집회를 할 것이다"라는 예언은 그냥 나온 것이 아니다. "이제 일어나는 부흥이 세계적이 될 것이다"라는 말씀의 확증으로 주어진 것이다. 그동안은 한국 교회의 회복과 부흥만 생각했다. 그러나 이제는 아니다. 전 세계의 교회를 위한 것이다. 온 나라와 민족들을 위한 것이다. 마지막 세계적 영혼 추수를 위한 부흥이기 때문이다.

나의 거룩한 산 모든 곳에서 해됨도 없고 상함도 없을 것이니 이는 물이 바다를 덮음 같이 여호와를 아는 지식이 세상에 충만할 것임이니라(사 11:9).

위대한 추수 : 약속의 성취

우리가 선을 행하되 낙심하지 말지니 피곤하지 아니하면 때가 이르매 거두리라(갈 6:9).

응답과 축복과 추수가 갑자기 올 것이다. 하지만 그것은 오랫동안 준비되었던 것이다. 하나님께서 이미 오래전에 그분의 말씀과 뜻과 약속의 씨앗을 우리의 영과 마음에 꿈과 비전으로 심으셨고, 우리는 그것에 물을 주고 가꾸었다. 그 결과로 때가 되면 추수가 오는 것이다. 하나님께서는 사람들이 모르는 중에, 심지어는 우리 자신도 크게 기대하지 못한 가운데 성장하도록 도우신 것이다. 우리가 오랫동안 그 약속을 붙들고 기도하고 기다렸지만, 별다른 일들이 일어나지 않았다고 생각할 수 있다. 분명한 것은 충분히 성숙했을 때, 갑자기 추수가 올 것이라는 사실이다. 그러므로 어떤 일이 현실적으로 일어날 기미가 보이지 않아도 끊임없이 자신을 준비하고 믿음으로 인내해야 한다. 결국

높은 삶으로의 부르심

약속을 유업으로 받게 될 것이기 때문이다. 실제로 2011년 3월 어느 날 아침에 "모든 유산을 청구하라"는 음성을 들려주셨다.

준비와 과정이 없으면 결과 또한 없다. 노아가 비 내리기까지 방주 짓는 것을 미루었다면, 그의 순종은 이미 늦은 것이다. 다윗은 골리앗을 넘어뜨리기 전에 곰과 사자와 싸워 이겼다. 이스라엘과 유다와 에돔의 세 왕은 엘리사의 비 예언을 기대하며 골짜기에 개천(웅덩이)을 많이 파야 했다(왕하 3:16). 우리가 하나님의 약속대로 준비할 때 풍성한 추수를 주실 것이다. 기다리는 시간이 길면 길수록 더 많이 더 깊이 더 넓게 준비할 수 있다. 작은 전쟁은 작은 승리를 가져온다. 그러나 큰 전쟁은 큰 승리를 가져온다.

하나님이 천둥같이 큰 소리로 "하나님의 리콜 운동을 하라!"고 하셨다. 그리고 그분이 친히 로고도 주셨다. 하나님의 리콜 운동은 전국적인 큰 전쟁이다. 마지막 때 큰 추수를 위한 큰 승리가 주어질 것이다. "한꺼번에 부흥이 올 것이다! 그것은 큰 것이다!"라고 하셨다. 이를 위해 교관 30명이 준비되어야 하는 것이다. 반드시 세계적으로 쓰임받게 될 것이다. 어떤 계시나 약속이 현실로 나타나기 직전에 우리는 캄캄한 터널을 통과하고 고통의 시간을 지나게 된다. 새벽이 오기 전이 가장 어두운 법이다. 출산 직전이 가장 진통이 심하다. 진통을 잘 견디면 생명의 해산을 맛볼 것이다. 그렇게 해서 모든 사람이 볼 수 있는 큰 사역(한국 교회의 회복)이 태어나는 것이다. 아기가 자궁 속에 있다가 좁은 터널을 통과해 넓은 세상으로 나오는 것이다.

국가적인 운동, 세계적인 사역은 이러한 약속을 성취 받기까지 그 과정을 극복하지 못하고 대가를 치르지 않으면 이루어지지 않는다.

하나님의 음성을 듣고 "세계적으로 사역하게 해주세요. 그분의 나라와 의를 구합니다"라는 기도를 했기 때문에 이러한 사역이 탄생하게 된 것이다. 사역이 크고 힘들수록 하나님은 그 일 맡을 사람을 훈련시킬 많은 시간을 필요로 하신다. "너의 삶은 훈련될 것이다!" 36년 전에 들은 음성이다. 요셉, 아브라함, 다윗이 그러한 훈련 과정을 통과했다. 그러나 이 과정을 겪지 않은 사울과 솔로몬은 실패했다. 그러므로 약속의 성취를 위한 훈련 과정에서 감사하고 기뻐해야 한다. 이것이 인내를 온전히 이루는 방법이다. 그러면 하나님의 은혜와 능력을 체험하고 내 안에 하나님으로 충만하게 된다.

위대한 추수의 약속 성취는 다음과 같다.

첫째, 믿음의 씨앗이 심겨지는 단계

둘째, 그 믿음이 성장하는 단계

셋째, 성숙하게 된 믿음이 약속을 받는 단계

그러므로 실망하지도 포기하지도 마라. 약속의 성취가 홀연히 올 것이며, 즉각적으로 기쁜 추수의 계절이 올 것이다.

하나님의 영광과 대추수

다가온 대부흥과 대추수의 중심에 하나님의 영광이 있다. 열방이 주께 돌아오는 영광의 부흥과 추수이다. 예언적 교회의 특성은 종말을 비관적으로 보지 않고 낙관적으로 본다. 세상은 심판을 향하여 가지만, 하나님의 사람들에게는 영광이 임할 것이다.

일어나라 빛을 발하라 이는 네 빛이 이르렀고 여호와의 영광이 네 위에 임하였음이니라 보라 어두움이 땅을 덮을 것이며 캄캄함이 만민을 가리우려니와 오직 여호와께서 네 위에 임하실 것이며 그 영광이 네 위에 나타나리니 열방은 네 빛으로, 열왕은 비취는 네 광명으로 나아오리라(사 60:1-3).

그러므로 우리는 출애굽기 33장 18절에서 모세가 기도한 것처럼, 간절히 주의 영광을 보여 달라고 기도해야 한다. "원컨대 주의 영광을 내게 보이소서." 이는 그동안의 기름 부음, 부흥의 차원에서 이제 주님이 오시기 전 마지막 때의 영광의 부르심, 대추수의 차원으로 전환되고 있기 때문이다. 지금 영광의 폭발이 하박국 선지자의 예언의 약속처럼 나라들을 휩쓸고 있다.

대저 물이 바다를 덮음 같이 여호와의 영광을 인정하는 것이 세상에 가득하리라(합 2:14).

하나님께서는 믿는 자들에게 계시적 지식을 풀어놓고 창조적 기적의 영역 안에서 초자연적인 이적과 기사들을 행하시고 있다. 사도행전 속의 초대교회 이후에 잃어버린 모든 능력을 회복하시며, 새로운 일들을 행하신다. 마지막 때에 가장 좋은 포도주를 그분의 백성을 위해 준비해 놓으셨는데, 이제 이 세대에 풀어놓을 것이다.

8장

하나님의
부르심

소명과 사명

성경 속 개인에 대한 하나님의 부르심은 세 가지로 정리할 수 있다.
첫째, 구원으로의 부르심이다.

누구든지 주의 이름을 부르는 자는 구원을 얻으리라(행 2:21).

주 예수를 믿으라 그리하면 너와 네 집이 구원을 얻으리라(행 16:31).

둘째, 제자로의 부르심이다.

말씀하시되 나를 따라 오너라 내가 너희로 사람을 낚는 어부가 되게 하리라
(마 4:19).

또 무리에게 이르시되 아무든지 나를 따라오려거든 자기를 부인하고 날마다

높은 삶으로의 부르심

제 십자가를 지고 나를 좇을 것이니라(눅 9:23).

셋째, 사명으로의 부르심이다.

오직 성령이 너희에게 임하시면 너희가 권능을 받고 예루살렘과 온 유대와 사마리아와 땅 끝까지 이르러 내 증인이 되리라(행 1:8).

나의 달려갈 길과 주 예수께 받은 사명 곧 하나님의 은혜의 복음 증거하는 일을 마치려 함에는 나의 생명을 조금도 귀한 것으로 여기지 아니하노라(행 20:24).

그중에서도 사명으로의 부르심은 삶의 목적으로의 부르심, 곧 궁극적 사명이다. 선민 이스라엘의 조상으로, 열국의 아비로 부르심을 받은 아브라함은 하나님의 부르심을 받았을 때, 본토 친척 아비 집을 떠나 갈 바를 알지 못하고 갔다. 순종이 하나님의 부르심에 대한 응답이었고, 인내는 하나님의 약속에 대한 신뢰였다. 바울 사도에게 있어서 하나님께 받은 사명은 이방인에게 하나님 은혜의 복음을 증거하는 일이었다. 이를 위해 그가 자랑하던 모든 것을 배설물 같이 여겼다.

제자로서의 부르심은 자기 부인을 요구하고, 사명으로의 부르심은 성령의 능력으로 덧입는 것을 필수적으로 요구한다. 열두 제자가 탁월한 스승이셨던 주님에게 배우고도 사명으로의 부르심을 위해 성령을 받아야만 하였다(행 1:8). 성령을 받으면 능력이 임한다. 이 능력은 복음을 전파할 때 각종 은사와 이적과 기사를 동반한다. 복음을 전할 때 말뿐만 아니라 성령의 나타남과 능력으로 믿음이 사람의 지혜에 있지 않고 하나님의 능력에 있게 하기 위함이다.

> 내 말과 내 전도함이 지혜의 권하는 말로 하지 아니하고 다만 성령의 나타남과 능력으로 하여 너희 믿음이 사람의 지혜에 있지 아니하고 다만 하나님의 능력에 있게 하려 하였노라(고전 2:4-5).

하나님의 부르심, 즉 사명의 부르심은 먼저 우리를 무장해제한다. 심지어 성령의 능력으로 충만해져도 하나님의 부르심은 우리가 무엇을 어떻게 해야 할지 모르게 한다. 그래야만 하나님의 부르심을 위해 성령께서 우리를 자유롭게 쓰실 수 있기 때문이다. 사명의 부르심을 위해 오랜 기간 시련과 연단의 과정을 겪게 하는 것은 부르심의 크기만큼 믿음을 갖추게 하기 위함이요, 자신으로서는 아무것도 할 수 없다는 것을 철저히 인식하게 함으로 성령의 능력에 절대적으로 의존하게 하시려는 하나님의 섭리이다. 이러한 하나님의 부르심에는 후회가 없다는 것을 알아야 한다.

> 하나님의 은사와 부르심에는 후회하심이 없느니라(롬 11:29).

그리고 하나님의 부르심을 가로막을 것은 나 외에는 아무도 없다. 내가 포기하지 않으면 나를 향한 하나님의 부르심은 반드시 성취된다. 하나님의 부르심을 성취할 자도 나요, 그 부르심을 방해하는 자도 나임을 알아야 한다. 하나님은 부르시고 그 부르심을 성취

높은 삶으로의 부르심

하는 하나님이시기 때문이다. 그러므로 죽음을 각오하고 절대 포기하지 마라!

하나님은 부르신 자들을 준비시키신다

2016년 6월 28일, 하나님은 준비된 자를 부르시는 것이 아니라, 부르신 자들을 준비시키신다고 하셨다. 그러므로 순복하면 우리 모두를 쓰시겠다는 것이다.

하나님은 당신에게 그냥 화내시는 것이 아니다. 당신을 뭉개서 다시 빚으시려는 것이다.

하나님은 당신을 이유 없이 아프게 하는 것이 아니다. 당신을 깎아 빛나게 하려는 것이다.

하나님은 당신을 일부러 창피하게 하는 것이 아니다. 자존심을 굴복시켜 겸손하게 만들려는 것이다.

하나님은 당신을 힘들게 하려고 가난하게 두는 것이 아니다. 부할 때 교만하지 않게 하려는 것이다.

하나님은 당신을 사람들에게 잊혀지도록 하는 것이 아니다. 오직 소망을 하나님께만 두라는 것이다.

하나님은 당신을 일부러 모르는 체 하는 것이 아니다. 좀 더 그늘에서 숙성되도록 기다리시는 것이다.

하나님은 당신을 영원히 사용하지 않는 것이 아니다. 좀 더 잘 사용하기 위해 당신이 거룩하기를 기다리시는 것이다.

"네가 죄를 세상을 철저히 미워할 때, 너를 쓴다!"(2016년 3월 한국 방문 전)

"네가 나를 더 잘 알 때, 내가 너를 쓴다!"(2016년 5월 한국 방문 전)

시대적 사명, 궁극적 사명

소명은 제자로서의 부르심이요, 사명은 사도로서의 보내심이다. 그 사이에 준비와 훈련이 있다. 그러므로 소명은 사명을 위한 것이다. 궁극적인 사명을 발견하는 것은 무엇보다도 귀한 일이다. 우리를 향한 하나님의 뜻을 다 이루어 드리는 것이기 때문이다. 성전에 바깥뜰과 성소와 지성소가 있듯이, 하나님의 일을 하는 데도 세 단계가 있다.

첫째, 바깥뜰의 단계로서 착한 일을 행하는 것이다.

너희 속에 착한 일을 시작하신 이가 그리스도 예수의 날까지 이루실 줄을 우리가 확신하노라(빌 1:6).

착한 일은 선한 일로서 지극히 일반적이다. 많은 선한 일이 있다. 주님의 교회를 섬기는 일, 목회자와 선교사들을 돕는 일, 전도하는 일, 자선과 구제와 봉사하는 일, 다른 사람을 돕고 사회에 기여하는 일 등 다양하다. 믿는 자면 누구나 할 수 있는 일이다.

둘째, 성소의 단계로서 마음의 소원을 갖고 행하는 것이다.

너희 안에서 행하시는 이는 하나님이시니 자기의 기쁘신 뜻을 위하여 너희로
소원을 두고 행하게 하시나니(빌 2:13).

이는 은혜를 받아 하나님이 주신 소원을 행하는 것이다. 기도하고
성령을 받으면 하나님이 감동을 주시고 하나님의 일을 위한 열심이
있게 하신다. 그래서 주를 섬기고 싶은 소원으로 목사와 선교사가 되
기도 하고, 물질로 교회를 건축하고 싶은 소원을 갖게도 하시고, 각
종 지혜와 재능으로 주님을 섬기려는 마음의 소원을 이루게 하시는
것이다.

셋째, 지성소의 단계로서 하나님의 특별한 목적과 자신을 통해 반
드시 이루고자 하시는 하나님의 완전한 뜻을 행하는 것이다. 이 단계
를 궁극적인 사명이라고 하는데, 이 단계는 한결같이 주님과의 만남
을 동반한다. 그리고 그분의 음성을 들어야 한다. 이는 하나님께서
어떤 일을 하라고 직접 말씀하셔서 그분의 특정한 뜻을 이루게 하시
는 것으로서 특수한 소명, 궁극적 사명, 완전한 사명이라고도 한다.
다윗이 그러하였다.

다윗을 왕으로 세우시고 증거하여 가라사대 내가 이새의 아들 다윗을 만나니
내 마음에 합한 사람이라 내 뜻을 다 이루게 하리라 하시더니(행 13:22).

바울이 그러하였다.

나의 달려갈 길과 주 예수께 받은 사명 곧 하나님의 은혜의 복음 증거하는 일을

마치려 함에는 나의 생명을 조금도 귀한 것으로 여기지 아니하노라(행 20:24).

예수님이 그러하셨다.

예수께서 신 포도주를 받으신 후 가라사대 다 이루었다 하시고 머리를 숙이시고 영혼이 돌아가시니라(요 19:30).

인생의 목적은 하나님을 영화롭게 하며, 그분에게 영광을 돌리는 것이다.

무릇 내 이름으로 일컫는 자 곧 내가 내 영광을 위하여 창조한 자를 오게 하라 그들을 내가 지었고 만들었느니라(사 43:7).

우리가 이 땅에서 최고로 하나님을 영화롭게 하는 일은 그분이 하라고 하신 일을 이루는 것이다. 곧 우리 삶의 목적을 이루는 것이요, 궁극적인 사명을 다하는 것이다. 예수님은 하나님 아버지가 하라고 하신 일을 이루어 하나님을 영화롭게 하였다.

아버지께서 내게 하라고 주신 일을 내가 이루어 아버지를 이 세상에서 영화롭게 하였사오니(요 17:4).

이 궁극적 사명은 일반적인 착한 일을 하는 단계가 아니다. 마음에 어떤 소원을 두고 행하는 단계도 넘어선다. 하나님께서 꿈이나 환

　높은 삶으로의 부르심

상이나 음성으로 어떠한 일을 하라고 구체적으로 명령하시는 것이다. 이 단계는 주님과의 일대일 만남과 계시적 음성을 통해서 온다. 지성소의 단계요, 영광의 단계이다. 바울 사도는 주님과의 만남을 통해 주님의 음성을 듣고 그가 행할 일에 대한 사명을 아나니아를 통해서 들었다. 그것은 이방인의 사도로 보내신다는 궁극적 사명이었던 것이다.

> 사울이 행하여 다메섹에 가까이 가더니 홀연히 하늘로서 빛이 저를 둘러 비추는지라 땅에 엎드러져 들으매 소리 있어 가라사대 사울아 사울아 네가 어찌하여 나를 핍박하느냐 하시거늘 대답하되 주여 뉘시오니이까 가라사대 나는 네가 핍박하는 예수라 네가 일어나 성으로 들어가라 행할 것을 네게 이를 자가 있느니라 하시니(행 9:3-6).

> 주께서 가라사대 가라 이 사람은 내 이름을 이방인과 임금들과 이스라엘 자손들 앞에 전하기 위하여 택한 나의 그릇이라 그가 내 이름을 위하여 해를 얼마나 받아야 할 것을 내가 그에게 보이리라 하시니(행 9:15-16).

궁극적인 사명은 두 방법으로 온다. 첫째, 하나님의 무조건적인 선택이다. 이는 하나님이 주도권을 가지고 그분의 특정한 뜻을 이루기 위해 어떤 사람을 부르시는 것이다. 하나님께서 세상에 죄악이 관영할 때, 노아를 부르시고 방주를 짓게 하셨다. 믿음의 조상, 열국의 아비가 되게 하려고 아브라함을 부르셨다. 어린 요셉에게 꿈을 주셔서 기근의 때에 나라들을 구원하게 하셨다. 숨어서 포도주 틀에서 밀을 타작하던 기드온에게 여호와의 사자가 나타나서 "큰 용사여 여호와께서 너와 함께 계시도다" 하고 불러 미디안에서 이스라엘을 구원할 사사의 사명을 주셨다. 어린 사무엘을 부르셔서 선지자 사명을 주셨다. 사무엘 선지자에게 이새의 여덟 아들 중 다윗에게 "이가 그니 일어나 기름을 부으라"(삼상 16:12) 하심으로 그를 이스라엘의 왕으로 삼으셨다. 이사야는 웃시야왕이 죽던 해에 하나님의 보좌가 성전에 내려오는 환상 가운데 "내가 누구를 보내며 누가 우리를 위하여 갈꼬"(사 6:8)라는 음성을 듣고 "내가 여기 있나이다 나를 보내소서"라고 응답함으로 선지자로서의 소명을 받았다. 바벨론 포로에서 돌아온 학개 선지자에게 "여호와의 전을 건축하라"고 전하는 사명을 주셨다(학 1:1-8). 바울을 택하여 이방인의 사도로 삼으셨다. 그가 "나의 달려갈 길과 주 예수께 받은 사명"(행 20:24)이라고 한 것은 궁극적 사명을 말한다.

우리는 이러한 하나님의 특별한 부르심을 인정해야 한다. 모두가 궁극적 사명을 받는 것은 아니다. 각자 부르심과 은사와 직임이 다름을 인정해야 한다. 그런 부르심이 없는데도 그런 척하거나, 영적 권위에 도전하면 안 된다. 사회 조직이나 군대에도 직위에 따른 위계질서가 있듯이 영적 세계에도 하나님이 주신 권위와 직임에 따라 질서가 있다. 하나님이 세우신 권위와 질서를 따라 섬기고 협력해야 하는 것이다.

우리 각 사람에게 그리스도의 선물의 분량대로 은혜를 주셨나니(엡 4:7).

그가 혹은 사도로, 혹은 선지자로, 혹은 복음 전하는 자로, 혹은 목사와 교사로 주셨으니(엡 4:11).

하나님이 교회 중에 몇을 세우셨으니 첫째는 사도요 둘째는 선지자요 셋째는 교사요 그 다음은 능력이요 그 다음은 병 고치는 은사와 서로 돕는 것과 다스리는 것과 각종 방언을 하는 것이라 다 사도겠느냐 다 선지자겠느냐 다 교사겠느냐 다 능력을 행하는 자겠느냐 다 병 고치는 은사를 가진 자겠느냐 다 방언을 말하는 자겠느냐 다 통역하는 자겠느냐(고전 12:28-30).

둘째, 하나님을 찾고 구할 때 온다. 하나님의 부르심이 없어도 주님을 사모하고 구하고 주님께로 가까이 가고 그분과의 친밀함으로 밀고 들어가는 자에게는 그 언약을 보이신다. 자신을 창조하신 목적, 구원하신 목적을 향한 하나님의 완전하신 뜻을 구하고 찾는 것이다. 구하는 자가 얻는다는 말은 어떤 기도 제목을 말하는 것이 아니다. 삶의 목적, 궁극적 사명을 간절히 원하고 구할 때, 주의 음성을 듣게 된다는 것이다.

너희는 내게 부르짖으며 와서 내게 기도하면 내가 너희를 들을 것이요 너희가 전심으로 나를 찾고 찾으면 나를 만나리라(렘 29:12-13).

일을 행하는 여호와, 그것을 지어 성취하는 여호와, 그 이름을 여호와라 하는 자가 이같이 이르노라 너는 내게 부르짖으라 내가 네게 응답하겠고 네가 알지 못하는 크고 비밀한 일을 네게 보이리라(렘 33:2-3).

여호와의 친밀함이 경외하는 자에게 있음이여 그 언약을 저희에게 보이시리로다(시 25:14).

사명의 길은 편도 표이다

하나님께 가장 높은 소명을 받은 자는 그분을 가장 사랑하는 자이다. 하나님을 사랑하는 것이 우리의 가장 높은 부르심이기 때문이다. 높은 삶으로의 부르심이다. 신부가 준비되면 하나님 나라가 임한다. 하나님께서 맡기시는 더 높은 사명을 감당하기 위해서는 과거의 사역에서 떠나야 한다. 과거의 장소에서, 과거의 사람들에게서도 떠나야 한다. 하나님께서 아브라함에게 "본토 친척 아비 집을 떠나 내가 네게 지시할 땅으로 가라"고 하셨다(창 12:1). 예수님이 야고보와 요한 형제를 부르셨을 때, 그들은 배와 심지어는 부친까지도 버려두고 예수님을 좇아야 했다(마 4:22). 예수님은 하늘 보좌를 버리시고 이 땅에 오셨다. 그분은 하나님의 본체이시나 종의 형체를 가져 사람들과 같이 되셨다(빌 2:7).

2011년 꿈에 주님이 방문하셔서 "집회보다 더 빨리 갈 것이다. 집회를 하지 마라" 하셨다. 그러면서 킹덤 빌더즈 집회보다 더 큰 다민족 스타디움 기도회를 통해 캘리포니아와 미국의 회개와 부흥을 위해 기도하게 하셨다. 그분의 나라와 의를 먼저 구하게 하셨다. 그리하면 이 모든 것을 더하실 것을 믿게 하셨다. 2016년 4월 9일 LA 콜로세움 기도회의 배도 사건 이후로 지난 7년 동안 캘리포니아 부흥을 위해 함께 기도하던 미국과 다민족 지도자들과도 멀어지게 하셨다. 진리가 아닌 것과는 친구라도, 동료 사역자라도 떠나게 하시는 것이다. 주님이 그 장소를 떠나시면 주님과 함께 떠나야 한다. 과거에 연연하면 안 된다. 많은 사역들이 후퇴하는 것 같지만, 실제로는

높은 삶으로의 부르심

앞으로 나가는 것이다. 사람들에게 거부되는 것 같지만, 하나님께서 맡기실 새 역사, 거대한 역사로 인도되고 있는 것이다. 하나님의 뜻을 이루기 직전의 모습은 극히 미약하고 조롱받기 쉽고 보잘것없을 수 있다. 예수님도 그러하셨다.

> 그는 주 앞에서 자라나기를 연한 순 같고 마른 땅에서 나온 줄기 같아서 고운 모양도 없고 풍채도 없은즉 우리의 보기에 흠모할만한 아름다운 것이 없도다 그는 멸시를 받아서 사람에게 싫어 버린바 되었으며 간고를 많이 겪었으며 질고를 아는 자라 마치 사람들에게 얼굴을 가리우고 보지 않음을 받는 자 같아서 멸시를 당하였고 우리도 그를 귀히 여기지 아니하였도다(사 53:2-3).

하나님의 뜻이 이루어지면, 상상도 못할 정도로 높임을 받게 된다. 하나님의 본체이신 예수님이 종의 형체를 가져 사람들과 같이 되셨고, 하나님의 뜻에 복종하셔서 십자가에 죽으셨으나, 하나님이 지극히 높여 모든 이름 위에 뛰어난 이름을 주사 모두가 예수의 이름 앞에 무릎 꿇게 하시고 주라 시인하게 하셨다(빌 2:6-11). 요셉은 종으로 팔리고 감옥에 갇혔으나, 하루아침에 감옥에서 왕궁으로 옮겨졌다(창 47:37-43).

예전에는 내 일을 내려놓는 것에 대해, 사역 안하는 것에 대해, 시간은 흐르고 나이 먹는 것에 대해 갈등하였다. 지금은 그 의미를 알게 되어 기쁘고 감사하게 되었다. 그리고 하나님이 시작하시면 중단이 없다고 하셨다. 하나님의 약속은 너무나도 분명하기 때문에 반드시 이루어진다는 것을 의심 없이 믿는다.

하나님의 약속은 얼마든지 그리스도 안에서 예가 되니 그런즉 그로 말미암아 우리가 아멘 하여 하나님께 영광을 돌리게 되느니라(고후 1:20).

"사명은 편도 표와 같다." 돌아가는 표가 없다는 것이다. 사명의 길은 돌아올 수 없기에 끝까지 가야 한다. 옛날 미국의 선교사들은 자기 소지품을 넣은 관을 배에 실고 떠났다. 주님을 따르기로 결심하였을 때, 그들이 죽었다는 것을 알았기 때문이다.

또 여러 형제가 어린 양의 피와 자기의 증거하는 말을 인하여 저를 이기었으니 그들은 죽기까지 자기 생명을 아끼지 아니하였도다(계 12:11).

예수께서 이르시되 손에 쟁기를 잡고 뒤를 돌아보는 자는 하나님의 나라에 합당치 아니하니라 하시니라(눅 9:62).

형제들아 나는 아직 내가 잡은 줄로 여기지 아니하고 오직 한 일 즉 뒤에 있는 것은 잊어버리고 앞에 있는 것을 잡으려고 푯대를 향하여 그리스도 예수 안에서 하나님이 위에서 부르신 부름의 상을 위하여 좇아가노라(빌 3:13-14).

나의 달려갈 길과 주 예수께 받은 사명 곧 하나님의 은혜의 복음 증거하는 일을 마치려 함에는 나의 생명을 조금도 귀한 것으로 여기지 아니하노라(행 20:24).

하나님의 새로운 시대적 운동이 시작될 때는 항상 미약하다. 그러나 그 미약한 시작을 같이 돕고 협력하는 소수의 사람들은 나중에 창대케 될 때, 그 열매를 함께 누리는 선두주자가 되는 것이다. 사명의 길은 주님과 함께 끝까지 가는 것이며 편도이다.

여호수아와 갈렙 세대

나이 쉰이 넘은 사람 중에 하나님께 마지막 때의 부흥에 대한 비전을 받은 자들은 그 비전과 사명을 감당하기까지 일찍 죽지 않는다는 예언이 있다. 나도 이 범주에 속한다. 쉰한 살에 마지막 영광의 부흥에 대한 사명을 받았다. 이 비전의 사람들에게는 병이나 질병이나 사고가 가까이 오지 못한다는 것이다. 죽음과 사탄에게 외쳐라! "나는 120살까지 살 수 있다!" 그들은 청년 세대를 약속의 땅으로 이끌 여호수아와 갈렙 세대이다. 한번은 하나님께서 "청년이 부흥이다!"라고 말씀하셨다. 청년이 70퍼센트, 장년이 30퍼센트가 되는 다음 세대 부흥이다. 여호수아 갈렙 세대는 광야의 훈련을 통해 성숙함과 거룩함과 지혜와 계시로 청년 추수꾼들을 훈련할 자들이다. 그들에게 하나님의 영광이 임할 것이다. 그 영광이 임하면, '하나님을 믿는 믿음(Faith in God)'에서 '하나님의 믿음(Faith of God)'이 온다. 다음 세대의 부흥에 참예할 자들은 종교 통합과 영적 타락의 소용돌이 속에서도 오직 진리와 정결함과 거룩함을 추구하는 주님의 신부들이요, 세속에 물들지 않은 남은 자들이요, 교회 회복을 이룰 이 땅의 그루터기들이요, 거대한 마지막 부흥을 위한 거룩한 씨다(사 6:13). 그들은 하나님을 기도를 들으시는 '하나님 아버지'로 여기는 자들을 넘어서서, 하나님을 '아빠(Papa)'라고 부르며 가장 가까이 가는 자들이다.

그들은 교회에 대해서, 시대에 대해서 하나님으로부터 듣는 자들이다. 이를 위해 하나님을 구하고 거룩함과 정결함으로 하나님 영광의 통로와 문이 되도록 힘써야 한다. 지금은 모든 불순함을 버리고 순전함, 완전함을 이룰 때이다.

이 글을 쓰는 2008년 8월 17일 며칠 전에 두 번이나 뱃속의 배설물이 다 나오는 꿈을 꾸었다. 그 후부터 악하고 죄 된 생각과 육신의 정욕과 안목의 정욕과 이생의 자랑이 현격히 줄어든 것을 경험하였다. '듣고 순종하기'가 관건이다. 그러면 하나님이 점점 더 많이 말씀하신다. 하나님께서 이때를 위한 숨겨둔 비밀을 드러내신다.

네가 이미 들었으니 이것을 다 보라 너희가 선전치 아니하겠느뇨 이제부터 내가 새 일 곧 네가 알지 못하던 은비한 일을 네게 보이노니(사 48:6).

그러나 너희 눈은 봄으로, 너희 귀는 들음으로 복이 있도다(마 13:16).

그리고 다음 단계로 올리신다. 영적 영역의 단계요, 전 세계적인 단계이다. 이를 위해 주님을 듣고 보고 경험해야 한다. 하나님께서 새 일을 행하신다. 지금은 기댈 때가 아니라 나아갈 때이다. 움직일 때이다. 하나님을 찾고 하나님을 가까이하라! "하나님의 검을 들려주세요. 승리자의 검을 들려주세요!"라고 기도하라.

죽도록 충성하라

성령께서 서머나 교회에 "죽도록 충성하라 그리하면 내가 생명의 면류관을 네게 주리라"(계 2:10)고 말씀하셨다. 오랫동안 이 말씀을 간직하고 있었다. 나름대로 첫째, 죽을 정도로 최선을 다해 충성하라는 말씀으로 알았다. 둘째, 죽을 때까지 충성하라는 말씀으로 알았다. 한자로 충(忠)은 가운데 중(中)과 마음 심(心)으로 이루어졌다. 마음 중심을 다해 성취하라는 말이다. 그것도 죽을 만큼 힘쓸 뿐 아니라, 죽는 순간까지 최선을 다하라는 것이다. 이 말씀은 고난과 감옥에 던져지는 시험에 넘겨지는 사람들을 향한 것이다. 그들은 고난 중에서도 믿음을 배반하지 않을 자들이요, 환난 가운데 순교하기까지 말씀과 진리를 사수할 자들이다(계 2:10).

고린도전서 4장 1-2절에서 바울 사도는 "사람이 마땅히 우리를 그리스도의 일꾼이요 하나님의 비밀을 맡은 자로 여길지어다 그리고 맡은 자들에게 구할 것은 충성이니라"고 하였다. 하나님의 비밀을 맡은 자만이 죽도록 충성할 수 있다. 그 비밀이 자기 생명보다 귀함을 확신하기 때문이다. 자기를 부르신 분에 대한 확신과 자기에게 부여된 사명이 삶의 목적이요, 완전한 가치임을 조금의 의심도 없이 받아들여지기 때문에 죽도록 충성할 수 있는 것이다. 바울 사도는 이 비밀을 예수 그리스도라고 하였다.

이 비밀은 만세와 만대로부터 옴으로 감취었던 것인데 이제는 그의 성도들에게 나타났고 하나님이 그들로 하여금 이 비밀의 영광이 이방인 가운데 어떻게 풍성한 것을 알게 하려하심이라 이 비밀은 너희 안에 계신 그리스도시니 곧 영광의 소망이니라(골 1:26-27).

그리고 그는 주 예수께 받은 사명을 완수하는 길에 있어서 자기 생명을 조금도 귀하게 여기지 아니하노라(행 20:24)고 고백하였다. 주님은 하나님이 주신 메시아의 사명을 죽기까지 완수하셨다.

너희 안에 이 마음을 품으라 곧 그리스도 예수의 마음이니 그는 근본 하나님의 본체시나 하나님과 동등됨을 취할 것으로 여기지 아니하시고 오히려 자기를 비워 종의 형체를 가져 사람들과 같이 되었고 사람의 모양으로 나타나셨으매 자기를 낮추시고 죽기까지 복종하셨으니 곧 십자가에 죽으심이라(빌 2:5-8).

그냥 주님을 믿는 자가 아니라 그리스도의 비밀을 간직한 자와 마음의 소원을 넘어서서 주님께 받은 사명의 확신이 있는 자만이 죽을 만큼, 죽을 때까지 충성할 수 있다. 자기 몸을 하나님이 기뻐 받으시는 산 제물로 드릴 수 있다.

2016년 3월부터 킹덤 빌더즈 집회와 훈련을 위해 나가면서 9월을 마지막으로 내년 3월에나 나갈 것으로 생각하고 있었다. 추운 겨울에는 나가지 않을 것으로 생각한 것이다. 그런데 9월 집회에 하나님 영광의 현현이 나타나면서, 3일 동안 악한 영들이 다 드러나는 꿈을 보여 주셨다. '하나님의 권세와 능력'과 '치유 사역 훈련'이라는 주제를 보여 주셔서 순종할 수밖에 없었다. 그래서 계획에 없는 5차 한국 방문을 11월에 하게 되었다. 기도한 사람마다 치유받는 권세와 능력이 나타났고, 더욱 증가된 영광의 현현을 체험하였다. 그런 가운데 생각지도 못했고 간과했던 원수의 공격을 받아 죽음의 문턱까지 가는 경험을 하였다. 수십 년 동안 생각해 왔던 "죽도록(죽을 만큼) 충성하라"는 말을 체험하게 된 것이다. 내 계획과 내 생각에서 나온 것이 아니라, 하나님의 감동과 성령의 인도하심에 대한 순종의 끝이 정말 죽을 만큼의 경험으로 이끈 것이다.

이제 죽지 않고 살아서 여호와의 행사를 선포할 일만 남았다(시 118:17). 이제 진짜 죽을 때까지, 숨이 넘어갈 때까지 충성할 일만 남았다. 심근경색으로 막혔던 심장혈관 둘에 스텐트(금속 그물망)를 넣는 시술을 마친 의사가 "이제 30~40년은 더 사시겠어요"라고 하였다. 오래 사는 것이 중요하지 않다. 죽을 때까지 변질되지 않고 충성하는 것이 중요하다. 생명의 면류관이 약속되어 있기 때문이다.

주님의 군대

다가온 하나님의 운동 중 하나는 주님의 재림을 앞두고 세계적인 영혼 대추수 사역을 위해 주님의 군대를 소집하는 것이다. 기도하는 사람들에게 하나님께서 보여 주시는 것들 가운데 군복 입은 성도들과 정렬한 군대와 전쟁 병기들이 있다. 에베소서 6장 12절에는 "우리의 씨름은 혈과 육에 대한 것이 아니요 정사와 권세와 이 세상의 어둠의 주관자들과 하늘에 있는 악한 영들에게 대함이라"고 하였다. 이 말씀의 의미는 주님의 재림을 앞두고 주님께서 그분의 교회를 여호수아와 요엘의 군대로 준비시키신다는 것이다. 이제 교회가 성경공부, 제자훈련에만 머무는 시대를 넘어서서 이기는 자의 영적 군대로 준비되어야 한다. 주님의 군대의 특색은 성도 운동(Saint Movement)으로 수많은 성도가 성령의 능력을 힘입어 믿음으로 병을 치유하고 이적과 기사들을 행하는 것이다. 앞으로 하나님의 백성과 그분의 교회에 하나님의 영광이 점점 더 나타나고 머물며 성도들을 통해 그리스도의 이름이 온 세상에 영광으로 드러나게 될 것이다. 이때 교회는 하나님 나라의 모든 역사를 세상에 나타내어 아가페 사랑이 실현되고 교회가 서로 연합하며 이 땅에 하나님 나라가 건설될 것이다.

이러한 역사는 교회가 거룩함과 의로움을 회복한 신부의 교회로 거듭날 때 나타날 것이다. 이를 위해 하나님께서 만물을 새롭게 하시는 계획의 중심에 교회 회복의 과제가 놓여 있다. 이제부터 하나님께서 본격적으로 거대한 불세례를 통해 그분의 교회와 성도들을 정결하게 하며 주님만을 사모하고 그분만 따르는 주님의 신부의 교회를 일으키실 것이다. 신부의 군대가 다가오는 거대한 부흥과 추수 사역을 주도하여 교회와 성도들을 예수 그리스도와의 친밀한 교제로 이끌어 오며 모든 나라가 주님을 살아 계신 하나님으로 인정하도록 이끌 것이다.

하나님의 리콜 운동

1. 하나님의 리콜 운동 주제
교회 회복과 영광의 마지막 부흥

2. 하나님의 리콜 운동 슬로건

하나님은 오늘도 말씀하신다!(요 10:27, 16:13, 계 2:29, 삼상 3:10)

하나님은 오늘도 치유하신다!(출 15:26, 약 5:15, 막 16:18)

하나님은 오늘도 기적을 행하신다!(막 16:17, 행 2:43, 요 14:12)

3. 비전의 배경

한국 교회의 성장이 한창이던 1980년대 초반부터 성장의 정점을 이룬 90년대 초반과 성장이 멈추기 시작한 90년대 후반까지 선교지와 한국에서 사역하였다. IMF가 시작된 1997년 12월에 미국 풀러신학대학원으로 유학을 갔고, 학위를 마치고 돌아가면 선교사 훈련 사역을 하려고 계획하였다. 한창 공부에 열중하고 있을 때, 한국에서 오신 한 목사님의 방문을 받았다. 그 목사님에게 한국 교회의 부흥이 멈춘 이후, 수많은 신학교 졸업생과 목회자들이 사역지가 없고 개척할 수도, 개척해도 부흥이 되지 않아 가족들과 함께 말할 수 없는 심적 · 물적 고통 속에 있다는 이야기를 들었다. 그 후 성령의 인도하심을 따라 20년 동안 매일 사역자들의 길을 열어 달라고 하루에 세 번씩 기도하게 하셨다. 2003년 풀러신학대학원에서 선교학 박사학위를 받았고, 한국의 어느 신학교에서 청빙도 받았다. 그런데 하나님께서 2년 동안 그 길을 막으셨다. 모든 지원이 끊기고 돌아갈 길도 막힌 절박한 상황 가운데 있던 2005년 5월 31일 새벽 3시에 "네가 믿으면 하나님의 영광을 보리라!"는 하나님의 음성이 레이저 광선처럼 이마 정중앙에 박히는 강력한 영적 체험을 하였다.

한 달 후에는 "믿음 테스트!"라는 성령의 음성이 들려왔다. 그래서 하나님의 계획을 알기 위해 하루에 점심 한 끼만 먹고 금식하며 처절히 앉아 기다렸다. 44일째 되는 날 집채가 내려앉는 것 같은 묵직한 하나님의 임재 앞에 주저앉듯 순식간에 무너져 내렸다. 탈진한 다음날 열여덟 살 때 성령세례 받은 이후로 33년 만에 마태복음 3장 11절의 불세례를 받았다. 그 불이 6개월 동안 온몸을 태우고 혈관과 뼛속까지 들어가면서 아름다운 하나님의 영광을 체험하고 영광의 영역에서 많은 신비한 영적 경험을 하게 되었다. 그리고 15년간 지속해서 기록된 말씀들을 주셨고, 꿈과 환상 그리고 다양한 하나님의 음성으로 가르치시고 인도하시고 장래 일을 알게 하시는 영적 훈련을 시키셨다(요 16:13, 14:26). 그것은 물이 바다를 덮음 같이 하나님의 영광이 온 세상을 덮는 시대적이며 전 세계적인 부흥에 관한 것임을 알게 하셨다. 또한 하나님의 불과 영광이 하나님의 능력이 됨을 체험하게 하시고, 미국의 한인 교회와 미국 교회 그리고 히스패닉 교회들에 치유와 능력 사역을 하게 하셨다.

이러한 영적 여정 가운데 하늘로부터 "하나님의 리콜 운동을 하라!"는 강력한 음성을 들었다. 이는 한국의 신학교 졸업생과 목회자들, 마지막 열방 추수를 위한 영광의 부흥에 대한 사명을 받은 자들에 관한 것이다. 한국 교회 목회자들의 과제는 사역지의 문제가 아니라, 하나님이 쓰실 사역자로 준비되는 것이 먼저다. 주님은 "추수할 것은 많되 추수할 일꾼이 적으니 그러므로 추수할 주인에게 청하여 추수할 일꾼을 보내 주소서 하라"(마 9:37-38)고 하셨다. 하나님은 한국 교회의 회복을 원하신다. 그것은 한국 교회를 전 세계적 부흥을 위한 기도 운동, 성령 운동, 선교 운동의 선두주자로 사용하시려는 하나님 계획의 일환이다. 이를 위해 목회자의 영적 회복과 성령의 능력으로 무장되는 영적 재충전이 절실히 요구된다. 그리고 마지막 영광의 부흥 사명을 받은 성도들을 열방 추수의 군대로 세우는 사명을 주셨다. "하나님의 리콜 운동을 하라!"고 하신 뜻이 여기에 있다.

4. 취지

20세기 최대의 부흥을 이룬 한국 교회는 작금의 세속화와 영적 침체의 영향으로 분열과 쇠락 국면에 접어들었다. 이제 한국 교회는 부흥보다 회복의 기치를 들어야 할 때이다. 교회 회복의 과제는 목회자와 교인들의 회복이 우선되어야 하며, 이 회복은 거룩함과 능력의 회복을 전제로 이루어져야 한다. 이들을 소집하여 영적으로 재충전하는 데 그 취지가 있다.

5. 목적

교회 회복의 3대 요소는 하나님의 불과 하나님의 영광과 하나님의 능력이다. 본 운동의 목적은 목회자와 평신도 사명자들을 이 시대에 하나님이 쓰시기에 합당한 수준의 거룩함과 능력을 구비하도록 준비시키는 것이다. 이를 위해 하나님의 음성을 듣고 그분과 친밀해지도록 훈련하며, 하나님의 불과 영광을 체험하고 사역 현장에서 하나님의 능력이 되도록 하는 데 그 목적이 있다.

6. 훈련 및 사역

(1) 소드(비밀) 성경 공부

(2) 하나님의 불세례, 영광, 능력 집회

(3) 하나님의 음성, 꿈과 환상 해석 훈련

(4) 중보 기도와 영적 전쟁 훈련

(5) 치유 및 능력 사역 훈련

(6) 요셉 축복과 사업의 기름 부음

(7) 하리운 영적 신학교

(8) 1박 2일 '오픈 헤븐' 수련회

(9) 전국 목회자 리콜 컨퍼런스

(10) 사모 및 여성 사역자 높다은 세미나

(11) 어린이 및 교사를 위한 은사 사역 훈련

(12) 민족과 열방을 위한 지역 연합 기도

(13) 각 나라 스타디움 대중 기도회 및 전도 치유 집회 주최

7. 세계 복음화와 하나님 나라 부흥 세미나

(1) 성경에 나타난 마지막 때의 대부흥에 관한 예언

(2) 다가오는 대부흥과 전 세계적인 추수

(3) 하나님 나라 부흥에 대한 마음과 준비

　① 틀을 깨뜨리는 훈련

　② 교회 부흥에서 하나님 나라의 부흥에 대한 인식의 전환

　　　　　　　　　　　　　　　높은 삶으로의 부르심

8. 부흥의 문, 추수 사역자로 준비시키심

(1) 고난과 고립을 통한 준비

　① 고난

　② 고립

(2) 자아의 죽음과 찬미의 제사

　① 자아의 완전 죽음

　② 찬미(감사와 기쁨)의 제사

(3) 거룩한 산에 오를 자(시 24편)

(4) 능력보다 하나님의 얼굴을 찾으라(시 24:6)

(5) 하나님의 친구로 삼으심(약 2:23)

(6) 엘리야의 심령과 능력(말 4:5, 눅 1:17)

9장

내가 너를
축복하리라

I will bless you

하루는 주님께서 "I will bless you!"라고 하셨다. 미국에 살아서 그런지 가끔 말씀하실 때 종종 영어로 하신다. 하나님과의 친밀함을 추구하는 과정 가운데 누릴 수 있는 즐거움과 특권은 하나님께서 장래 일을 알려 주신다는 것이다. 때로는 어떤 일이 있을 것을, 어느 때는 그 일이 일어나기 위해 어떤 일을 하라고 지시하기도 하신다.

그러하나 진리의 성령이 오시면 그가 너희를 모든 진리 가운데로 인도하시리니 그가 자의로 말하지 않고 오직 듣는 것을 말하시며 장래 일을 너희에게 알리시리라(요 16:13).

그 후에 내가 내 신을 만민에게 부어 주리니 너희 자녀들이 장래 일을 말할 것이며 너희 늙은이는 꿈을 꾸며 너희 젊은이는 이상을 볼 것이며(욜 2:28).

처음에는 일이 일어난 후에 그것에 대해 기도하거나 반응하지만, 친밀함이 더해 가면서 어떤 일을 앞두고 기도하면, 그 일이 어떻게 진행될 것인가를 보여 주신다. 새해를 위해 기도하면, 한 해를 향한 하나님의 계획과 일어날 일에 대해 말씀해 주시는 것이다. 이것이 친밀함을 추구하는 사람들과 예언적 교회에 주어진 보상인 것이다. 또한 특별히 기도하지 않아도 미리 말씀해 주시는 경우도 있다. 2016년에 킹덤 빌더즈 집회를 위해 한국을 다섯 차례 방문했는데, 가기 전에 어떤 일이 있을 것을 미리 보여 주셨다. 처음에는 어떤 일이 일어날 것인가에 대해 기도했을 때 알려 주셨지만, 7월 3차 방문 때는 묻지도 않았는데 '파루시아─주님의 임재'가 있을 것을 꿈으로 알려 주셨다. 9월 4차 방문 때는 8월 23일 꿈으로 '플레로마─영광의 현현'이 있을 것을 보여 주셨다. 그리고 그 일이 일어났다. 11월 5차 집회는 날짜도 정하기 전에 3일 연속으로 주제와 내용을 보여 주셔서 확신을 갖고 날짜를 결정할 수 있었다.

오늘날 예언적 단계에 들어오지 못한 사역자들이 자기들의 계획에 하나님께서 함께하시도록 구한다. 하나님께서는 조금도 염두에 두고 있지 않는데 말이다. 예언적 계시는 점진적이며 친밀함과 순종의 여부에 따라 쉽고 빠르게 주어지며 하나님 친구로서의 친밀함을 추구하게 하시는 즐거움이 있다. 성령의 음성을 듣는 예언적 교회는 목사 개인의 비전이나 교회의 계획을 세우지 않는다. 하나님께서 교회의 주인이시며, 그분의 비전과 뜻을 구하고 그분이 계시하시는 대로 순종하며 맡겨주신 일에 종의 자세로 최선을 다해 책임을 감당하고 나아가는 것이다. 이럴 때 새해를 향한 하나님의 뜻을 물으면, 목표와 표어까지 알려 주신다.

몇 년 전 새벽 묵상 중에 "I will bless you!"라고 말씀하셨다. 다른 사람도 아니고, 교회도 아닌 "내가 너를 축복하겠다"고 하신 것이다. 가장인 나를 축복하시면, 당연히 가정의 축복이 되는 것이다. 목사인 나에게 하나님의 축복이 임하면, 하나님의 약속을 가진 교회에 그 복이 임하는 것이다.

하나님은 아브라함을 축복하셨다. 그에게 주어진 축복은 열국에 미칠 근원적인 축복이었다. 복의 근원이 되고 복의 통로가 되는 복을 주셨다. 이 복은 나에게만 머무는 것이 아니라, 땅의 모든 족속이 나로 인하여 복을 얻게 되는 그 복을 주신다는 것이다. 주님은 이를 위해 믿음의 순종을 요구하신다. 믿음의 순종에는 당연히 희생이 따른다. 열국을 향한 믿음의 근원이 되고 통로가 되기 위해서는 연단이 필요하고 인내가 요구되었다. 절대 낙심하거나 원망하지 말고 오히려 감사하고 하나님을 찬양하며 그 인내의 끝에 섰을 때, 하나님께서 "내가 너를 축복하겠다" 하신 것이다. 그러므로 나는 복받은 자다. "I will bless you!" 지극히 개인적인 주님의 음성이 모두를 향한 음성이 되길 소망한다.

축복의 소낙비(1)

지붕을 세차게 때리는 빗소리 때문에 일찍 잠이 깼다. 시계를 보니 새벽 4시였다. 너무 가물어 세차도 못 하고, 정원의 잔디와 채소에 물을 주지 못했는데 가뭄을 완전히 해소할 정도의 비가 어제부터

높은 삶으로의 부르심

줄기차게 내렸다. 한국으로 떠나기 전에도 비가 많이 왔었다(2017년 1월). 문득 "Showers of Blessing(축복의 소낙비)"이라는 문장이 떠올랐다. 잠이 올 것 같지 않아 거실로 나왔다. 내리는 비를 우산으로 받치며 아내가 "올해는 물질도 비처럼 내리려나 봐"라고 하였다. 아내는 이번 한국 방문에서 가능성을 보았다고 말했다. 킹덤 빌더즈에 모인 사람들은 한결같이 순수하고 지적이고 담대한 믿음의 용사들이었다. 하나님께서 너무나도 귀한 분들을 불러모아 주셨다. 처음 만난 이들도 아내를 좋게 봐주었다. 견뎌내지 못할 오랜 기간 믿음의 시련 속에 있었지만 아내에게는 까칠한 모습이 없다.

나는 하나님의 음성을 수시로 들으면서도 종종 아내의 말에 힘을 얻는다. 부정적인 말보다는 항상 긍정적인 말을 하기 때문이다. 그렇게 하나님의 이끄심에 순종하고 좀 더 정결해지고 주님의 성품 본받기를 힘씀에도 불구하고 좀처럼 나아지지 않는 재정 때문에 많이 힘들었다. 그리고 물질에 좀 위축되어 있었다. 지난해 말부터 선포하기 시작한 '넘치는 축복'에 대한 믿음이 이번 한국 방문을 계기로 더욱 확신을 갖게 되었다. 그래서 계속 오는 비도 좋고 세찬 빗소리도 듣기 좋았다. 빗소리가 축복의 소낙비 소리 같았다. 눈 때문에 늦게 출발한 비행기를 타고 LA에 도착한 지(2017년 1월) 3~4시간 후부터 킹덤 빌더즈 모임이 시작되었다. 하나님의 음성 듣기 마지막 시간으로 모두 일곱 명이 수료하였다. 이제 훈련을 수료했으니 한국 횃불 군대 횃불 방에 합류하게 될 것이다.

킹덤 빌더즈 토요 모임에는 다인종이 모이지만, 이번에는 하와이와 캐나다에서 온 이들도 참석하였다. 특별히 조세핀 목사님과 함께 호주에서 여러 사람이 왔다. 그들은 시차에도 불구하고 '부흥의 영광' 킹덤 빌더즈 & 포러너 미니스트리 토요 집회를 온라인 스트리밍으로 함께하였다. 영국의 시청자들도 있었는데 그곳은 새벽 4시이다. 영광이 더 강하게 밀려오면 간간이 오던 외국 사람들이 한꺼번에 몰려올 것이다. 9시가 다 되도록 찬양과 춤을 추며 영광이 임하도록 기도하고 마지막에는 모두가 한국어로 "주여!" 외치며 하나님의 불과 영광의 임재를 부르짖었다. 한국에 다녀온 간증과 3월 전국적인 모임을 위해 만 불이 필요하다고 기도 부탁을 하였다. 캐나다에서 온 사업가가 마이크를 잡더니 만 불은 아무것도 아니고 신명기 1장 11절의 천 배나 많게 하신다는 말씀을 선포하였다. 산술적으로 천만 불(120억)이다. 지금은 실감할 수 없지만, 반드시 그보다 더 큰 일이 있을 것이다. 하나님께서 직접 "풍성한 재정이 올 것이다. 어마어마한 체크(수표)가 올 것이다"라고 말씀하셨기 때문이다. '축복의 소낙비'가 내릴 것이다. 악한 자들에게 속했던 천문학적인 재정이 하나님의 백성에게 이전될 것이다. '부의 이동'이다. 마지막 때 임할 영광의 부흥과 함께 약속된 바다의 풍부와 열방의 재물이 올 것이다(사 60:5). 흑암 중의 보화와 은밀한 곳에 숨은 재물이 주님이 지명하여 부르신 사람들에게 주어질 것이다(사 45:3).

그동안 이러한 간증을 수없이 들어왔다. 그런데 이제는 나에게 우리에게 그것이 온다는 확신을 주셨다. "넘치는 축복, 내가 반드시 너를 복 주고 복 주며 너를 번성하게 하고 번성하게 하리라"(엡 3:20, 히 6:14)는 올해(2017년)의 말씀으로 주신 것이다. 이곳에서는 "어떤 일이 일어나거든 하나님이 하셨다 하고 모든 사람을 초청하여 파티하

높은 삶으로의 부르심

고 납작 엎드려 섬겨라" 하신 말씀을 실행할 것이고, 한국에서는 도시마다 전국적인 통곡을 통해 50년 만에 오는 회복과 부흥을 위해 하나님의 불이 떨어지고 영광이 임할 것이다. "영광이 임하면 통곡이 일어난다! 영광이 임하면 암이 녹는다! 여자 목사 천 명만 한곳에 모아놔라. 통회개가 일어날 것이다!" 하셨다. 이를 위해 재정이 풀어질 것이다. "어떤 일이 일어나면"이라고 하신 것을 재정을 이야기하시는 것으로 여겨진다.

2011년 3월 어느 날 아침에 "모든 유산을 청구하라!"는 음성이 들렸다. 바로 "아버지가 빼앗겼던 기도원을 주세요. 멀리 떨어진 산이 아니라 도심 한가운데 기도센터를 주세요. 한국에서 교수했으면 받았을 5년 동안 월급 30만 불을 주세요"라고 청구했다. 며칠 뒤 교회에서 묵상하고 있는데 오른쪽 하늘에서 내 오른쪽 귀에 "300만 불!" 하는 큰 음성이 들렸다. 이것이 시작인 것을 알고 있다. 그냥 꿈이 아니다. 현실로 일어날 사실이다. 다만 언제 시작될 것인지 궁금할 뿐이다. 지난 수년간 하나님이 보여 주신 믿지 못할 일들이 현실로 일어나는 것을 보고 있다. 2008년 2월에 수많은 사람이 스타디움에 모여 있는 것을 보여 주셨는데, 2011년 11월 11일 로즈볼 스타디움에 한인 이민 역사상 처음으로 12,000여 명이 모여 다민족 20,000여 명과 미국을 위해 기도하였다. 그것도 킹덤 빌더즈가 주도한 중보 기도 운동에 160여 개의 한인 교회가 참여하는 기적이 일어난 것이다. 그리고 미국 국회 기도와 이스라엘 국가 기도회, 두 번의 한국 미스바 기도회 등 국가 부흥을 위한 기도 운동을 9번이나 하게 하셨다.

이제는 물질적인 기적이다. "하나님의 약속은 얼마든지 그리스도 안에서 예가 되니 그런즉 그로 말미암아 우리가 아멘 하여 하나님께 영광을 돌리게 되느니라"(고후 1:20)고 하셨다. 믿음의 시련과 역경의 터널을 통과해 이제 하나님의 불과 그분의 영광에 삼켜지는 하나님이 지정하신 자들에게 축복의 소낙비가 내릴 것이다. 하나님이 친히 보상하실 것이다. 부흥이 일어나 열방을 다닐 것이다. 비행기 표만 사서 가는 것이 아니라 나누어 줄 여유를 가지고 가게 될 것이다. 넘치는 축복이 하나님의 시대적 약속을 받은 모두가 누릴 약속의 성취이다. 이제 모든 것이 가속화될 것이다. 하나님이 시작하시면 10년 동안에 이룬 일들이 10개월 만에도 이루어질 것이다. 이를 위해 "모든 것을 한꺼번에 바쁘게 하라"고 하셨다. "하나님이 시작하시면 중단이 없다"고 하셨다. 하나님이 직접 명령하시고 직접 이루실 시대적인 하나님의 운동이기 때문이다. 그분의 통로가 되는 복이다.

내가 그들에게 복을 내리며 내 산 사면 모든 곳도 복되게 하여 때를 따라 비를 내리되 복된 장맛비를 내리리라(겔 34:26).

축복의 소낙비(2)

이제 약속의 성취가 재정 축복으로 나타날 것이다. 재정이 풀리지 않으면 할 수 없는 일이기 때문이다. 어떻게 이런 일들이 일어날까 하는 기대감과 설렘이 있었는데, 금요일 새벽 기도 후에 한 집사님이 꾼 꿈을 이야기해 주었다.

내가 교회 창고 앞에 앉아 기도하고 있었고 자기에게 고양이가 깨어 있는지 물었다고 한다. 그래서 문을 열어보니 고양이가 자지 않고 있었고 창고 안의 쥐들을 다 잡아서 이제 몇 마리 안 남았다는 생각이 들었고, 창고에 많은 물건이 쌓여 있는 것을 보았다는 것이다.

이것은 재정 축복을 가로막는 의심을 모두 물리쳐야 하고, 거의 다 잡고 이제 얼마 안 남았다는 의미이다. 거대한 하나님 축복의 풀어놓음이 시작되었다. 마지막 영혼 추수를 위한 강력한 성령의 능력과 영광의 임재가 나타나고 사역을 위한 재정의 풀어짐이 시작될 것이다. 이기는 자로 준비되는 하나님의 백성에게 강력한 기름 부음의 능력이 임하여 추수 사역으로 준비시킬 것이다. 하나님께서는 목적 없이 행하지 않으신다. 하나님은 그분의 계획과 하늘의 청사진과 전략 그리고 방향을 계시하신다. 그러므로 지금은 하나님께서 무엇을 하실지 보고 듣고 느낄 때이다. 하나님께서 이미 하신 일을 생각하고 축복을 가로막는 장벽들을 허물고 의심의 쥐들을 다 잡아야 한다. 무엇보다도 이를 위해 주님과의 친교로 들어가고 주님께 가까이 가야 한다.

하나님의 거대한 일들이 시작되면 그 결과가 어떠할 것인가를 기대하라. 오래전에 하나님께서 "전화하고 올 사람이 천 명이다"라고 하셨다. 열매는 속히 올 것이다. 추수를 위해 곡식이 무르익었다. 하나님께서 그분의 백성 위에 축복의 소낙비를 내리실 때, 하나님의 사랑 안에 연합된 성도들에게 놀라운 추수의 기쁨이 있을 것이다. 기대하지 않은 장소에서 열매가 올 것이다. 하나님께서 모든 것을 합력하여 선하게 하실 것이다(롬 8:28).

때때로 우리의 마음이 절대 바뀌지 않을 것 같은 환경으로 끌어 내리는 것 같지만, 하나님께서 우리를 아주 달콤하고 좋은 열매들에게로 이끌어 가실 것이다. 젖과 꿀이 흐르는 약속의 가나안 땅의 소산을 먹을 때가 올 것이다. 강하고 담대해야 한다. 열매는 상상보다 크고 아름다울 것이다. 그동안 받은 하나님의 말씀과 약속들이 우리의 마음 안에서 거대한 믿음으로 자라날 때, 그분의 뜻을 이룰 것이며 우리는 사역의 열매들로 인해 기뻐하게 될 것이다. 하나님께서 추수를 위한 축복을 풀어놓으실 때, 사역을 축복할 것이다. 하나님이 씨 뿌리는 자, 추수하는 자의 사역에 복 주실 것이다. 그리하여 열정과 기쁨으로 성취될 것이다. 부흥의 사인은 하나님의 사역자들 활동이 증가하는 것이다. 하나님은 목적 없이 행하지 않으신다! '이제 바쁘게 일해야겠다. 많은 것을 한꺼번에 해야겠다'는 생각을 주신 것은 이것을 말씀하신다는 것을 알게 되었다. 이 모든 것은 유산(상속)의 회복과 약속의 성취들로 나타날 것이다. 2011년 3월에 "모든 유산을 청구하라!"는 주님의 음성을 듣고 기도하며 기다렸는데 성취의 때가 되었다는 것이다. 이제 곧 거대하고 달콤한 일들이 일어날 것이다!

> 내가 내 백성 이스라엘의 사로잡힌 것을 돌이키리니 저희가 황무한 성읍을 건축하고 거하며 포도원들을 심고 그 포도주를 마시며 과원들을 만들고 그 과실을 먹으리라 내가 저희를 그 본토에 심으리니 저희가 나의 준 땅에서 다시 뽑히지 아니하리라 이는 네 하나님 여호와의 말씀이니라(암 9:14-15).

> 만군의 여호와가 말하노니 이제는 내가 이 남은 백성을 대하기를 전일과 같이 아니할 것인즉 곧 평안한 추수를 얻을 것이라 포도나무가 열매를 맺으며 땅이

높은 삶으로의 부르심

산물을 내며 하늘은 이슬을 내리리니 내가 이 남은 백성으로 이 모든 것을 누리게 하리라(슥 8:11-12).

새로운 영역과 하늘의 재정

새로운 영역으로 들어가는 것은 하늘의 재정과 연결되는 것을 포함한다. 하나님은 지금 새 시대, 새 역사를 위해 그분의 불로 정화되고 영광으로 덧입혀지며 능력으로 무장된 횃불 군대, 신부의 군대를 준비시키신다. 주님 오시기 전에 온 세상을 덮을 마지막 부흥은 두 가지 성경적 약속이 있다. 하나는 영광이 온 땅에 임하는 것이다.

대저 물이 바다를 덮음 같이 여호와의 영광을 인정하는 것이 세상에 가득하리라(합 2:14).

그 영광이 우리 위에 임하고 나타난다고 하셨다.

일어나라 빛을 발하라 이는 네 빛이 이르렀고 여호와의 영광이 네 위에 임하였음이니라 보라 어두움이 땅을 덮을 것이며 캄캄함이 만민을 가리우려니와 오직 여호와께서 네 위에 임하실 것이며 그 영광이 네 위에 나타나리니(사 60:1-2).

다른 하나는 하나님의 영광이 임하는 개인과 여호와의 집에는 하늘의 재정도 풀어질 사실이 함께 예언되었다.

바다의 풍부가 네게 돌아오며 열방의 재물이 네게로 옴이라(사 60:5).

네게 흑암 중의 보화와 은밀한 곳에 숨은 재물을 주어서 너로 너를 지명하여 부른 자가 나 여호와 이스라엘을 하나님인 줄 알게 하리라(사 45:3).

환경과 처지를 뛰어넘어 하나님과 그분이 주신 약속의 비전을 가지고 새로운 영역으로 들어가는 자들에게 하늘의 재정이 연결될 것이다. 삼성이 해외에 지사를 세우면 본사에서 재정이 오듯이, 파견된 군대에 국가가 물자를 지원하는 것과 같다. 이제 영광이 밀려오면서 재정적 돌파를 경험할 것이다. 하나님 나라의 재정이 오는 것이다. 부흥의 약속을 주실 때, "풍성한 재정이 올 것이다"라는 약속도 함께 주셨다. 열방 구원과 하나님의 영광을 위해서이다. 가난의 영은 물질이 모자란 상태가 아니다. 모자란 것을 두려워하는 마음이다. 이는 첫째, 부족한 상태, 둘째, 눌린 상태, 셋째, 빼앗기는 것이다. 사사기 6장에 보면 유대 민족은 미디안보다 심히 미약해서 항상 빼앗겼다. 가난의 영을 이기는 비결은 첫째, 예수 그리스도의 피, 둘째, 하나님 말씀의 약속, 셋째, 용서함, 넷째, 너그럽게 후히 드리는 헌금이다.

하나님의 불세례와 그분의 영광과 능력을 체험함으로 하나님의 새 영역 안으로 들어가 풍성하고도 초자연적인 하늘의 재정을 누리고 사용하는 자들이 되자. "3백만 불!"(한국어로) "Six Hundred Million!"(영어로) 우레와 같은 음성으로 들은 숫자이다.

높은 삶으로의 부르심

나는 복 있는 사람이 되고 싶다

시편 1편 2절에 복 있는 사람은 "오직 여호와의 율법을 즐거워하여 그 율법을 주야로 묵상하는 자"라고 하였다. 여호와의 율법을 즐거워하고 주야로 묵상하는 자는 하나님의 계명을 읽고 들을 뿐 아니라, 그 계명을 지키는 자이다. 오늘날 말씀을 배우고 아는 사람은 많다. 그러나 지키는 사람은 드물다. 하나님을 진정으로 경외하지 않기 때문이다. 진정으로 하나님을 사랑하기보다 자기를 더 사랑하기 때문이다. 우리는 계시록 시대에 접어들었다. 불법의 비밀이 역사하고 미혹의 영이 만연한 이 시대에는 계명을 지켜야 이기는 자가 된다.

> 이 예언의 말씀을 읽는 자와 듣는 자들과 그 가운데 기록한 것을 지키는 자들이 복이 있나니 때가 가까움이라(계 1:3).

> 귀 있는 자는 성령이 교회들에게 하시는 말씀을 들을지어다 이기는 그에게는 내가 하나님의 낙원에 있는 생명나무의 과실을 주어 먹게 하리라(계 2:7).

시편 1편 1절에 "복 있는 사람은 악인의 꾀를 좇지 아니하며 죄인의 길에 서지 아니하며 오만한 자의 자리에 앉지 아니하고"라고 하였다. 특별히 "죄인의 길에 서지 아니하며"를 생각하였다. 2016년 한국 방문 후 LA 공항으로 마중 나온 아내가 이런저런 이야기 중에 신문에 한인 교회가 주최하는 컨벤션 센터 다민족 연합 기도대회에 그동안 같이하던 미국 지도자들의 사진이 나왔다고 말했다. 2016년

4월 9일 10만여 명이 모인 아주사 110주년 기도회에서 가톨릭과 연합한 지도자들과 교류를 끊었기 때문에 신경쓰지 않았다. 그런데 '하나님의 음성 듣기' 훈련 중에 사정을 모르는 어느 목사님이 다민족 스타디움 기도대회를 제일 처음 한인 교회에 소개하고 그동안 기도 운동에 앞장서 인솔했던 한인 코디네이터인 내가 신문에 왜 안 나왔다고 섭섭해하는 것이었다.

준비 모임이 있던 날 나는 한국에 있었다. 미국에 있었어도 가톨릭과 연관된 사람들이 참여하면 나는 참여하지 않겠다고 이미 통보한 터라 신경도 쓰지 않았을 것이다. 나를 통해 그들을 알게 된 그 목사님은, 내가 그곳에 가서 가톨릭과 교류하는 사람들에게 영향을 끼쳐 그들이 돌이킬 수 있도록 해야 하지 않겠느냐고 하였다. 한인 교회는 가톨릭과 관련이 없고 미국 대통령 선거를 앞두고 기도회를 주관한 것은 잘한 일이지만, 그동안 함께했던 다민족 기도회 미국 지도자들이 가톨릭과의 연합에 대해 명백한 입장을 표명하지 않았기 때문에 나는 그들과 함께할 수 없었다. 진리를 사랑하는 사람은 불의를 보면 미련 없이 돌아서고, 단호하게 인간관계나 명예와 욕심을 끊을 수 있어야 한다.

가톨릭의 지도 그룹인 예수회나 교황을 비롯한 지도자들은 사탄에게 바친 적그리스도의 본체요, 거짓 선지자다. 공공연히 예수님은 실패했으니 마리아에게 소망을 두라고 말하는 그들이다. 예수님이 술에 취해 다시 온다고 했으나 결국 오지 않는다고 하는 그들이다. 루시퍼를 찬양하고 모슬렘을 비롯해 모든 종교에 구원이 있다고 믿는 자들이다. 나는 그들에게 영향을 끼쳐 돌아오게 할 만한 믿음이

높은 삶으로의 부르심

없다. 내가 아는 성경은 그들에게서 돌아서라고 명하고 있다.

경건의 모양은 있으나 경건의 능력은 부인하니 이같은 자들에게서 네가 돌아
서라(딤후 3:5).

그들이 말하는 평화, 사랑, 연합은 모슬렘과 불교와 모든 종교를
포함한, 진리와는 상관없는 늑대의 탈을 쓴 용어이다. 근래 한국 교
계 지도자들과 믿는 자들 가운데서도 불교와 교류하는 것을 평화와
화합, 사랑이라고 잘못 알고 있는 이들이 있다.

시편 1편 1절은 분명히 "복 있는 사람은 악인의 꾀를 좇지 아니하
며 죄인의 길에 서지 아니하며 오만한 자의 자리에 앉지 아니한다"
고 하였다. 가톨릭이나 불교나 모슬렘 지도자들은 분명히 예수 그리
스도를 믿음으로 의롭게 된 자들이 아니다. 그러므로 악인이요, 죄
인이다. 그래서 그들과 교류할 수 없다. 그들에게 예수 그리스도만
이 참된 구원의 길임을 전해야 한다. 다른 종교를 인정하고 같이하자
는 것은 비진리요, 미혹이다. 그들은 오만한 자들이다. 오만하여 하
나님을 대적해 세상으로 떨어진 자들이다.

나는 복 있는 사람이 되고 싶다. 그러면 아내도 복 있는 아내가 되
고, 자녀들도 복 있는 자녀들이 될 것이다. 나에게 맡겨진 주님의 백
성도 복된 백성이 될 것이다. 가장 최상의 복, 믿음의 결국은 영혼 구
원이기 때문이다. 복 있는 사람은 오직 여호와의 율법을 즐거워하며
그 율법을 주야로 묵상하는 자다. 죄인의 길에 서지 않는 자요, 오만
한 자의 자리에 앉지 않는 자이다.

내가 곧 길이요 진리요 생명이니 나로 말미암지 않고는 아버지께로 올 자가 없느니라(요 14:6).

다른 이로서는 구원을 얻을 수 없나니 천하 인간에 구원을 얻을만한 다른 이름을 우리에게 주신 일이 없음이니라 하였더라(행 4:12).

세상은 변해도 예수 그리스도는 어제나 오늘이나 영원토록 동일하시다. 그분만이 길이요 진리요 생명이시다. 예수 외에는 구원이 없다!

하나님의
리콜 운동
훈련 소개

킹덤 빌더즈 훈련 : 하나님 나라를 세우는 사람들

1. **기름 부으심**(요일 2:20)을 통해 영혼·육의 치료와 자유함을 받고(고후 3:17), 성령 의 능력을 받아 포로 된 자와 눌린 자를 자유하게 하며 주의 은혜의 복음을 전 파하는(눅 4:18–19) 사역자를 준비시키고 파송한다.
2. **하나님과의 친밀한 교제**(시 25:14)를 통해 하나님의 보좌와(계 4:2) 하나님의 심장 박동 듣기를 사모하며(요 13:25), 성령의 계시와 은사로(고전 2:7, 10, 12:8–10) 사람들을 섬기도록 훈련한다.
3. **요셉 축복 – 사업의 기름 부으심**(창 41:48)이 마지막 때의 급속한 세계복음화를 위해 하나님께서 그분의 백성에게 예비하신 축복임을 믿고(사 45:3, 60:5, 11, 슥 14:14), 열방을 유업으로 받을(시 2:8) 하나님의 백성을 준비시킨다.
4. **영적 전쟁과 사도적 추수운동**(마 9:38)을 위하여 도시와 열방을 위한 중보기도자 를 훈련하며(사 62:6), 초대교회적 오중 사역을 통해(엡 4:11) 추수할 일꾼을 준 비시키고 파송한다(마 28:19–20).
5. **세계 선교와 하나님 나라 부흥**(사 11:9)을 위한 기도와 선교의 연합에 힘쓸 하나 님의 사람을(딤전 6:11) 준비시키고 파송한다.

하나님의 음성 듣기 훈련

"내 양은 나의 음성을 들으며 나는 저희를 알며 저희는 나를 따르느니라"(요 10:27).

성령으로 거듭난 성도는 누구나 하나님의 음성을 들을 수 있다. 우리는 주님과 친밀한 기도 시간을 통해 그분의 음성을 듣는다. 시편 25편 14절에 "여호와의 친밀함이 경외하는 자에게 있음이여 그 언약을 저희에게 보이시리로다"라고 약속하셨다. 자신을 향한 하나님의 음성은 기도 응답과 삶의 목적과 방향에 대한 성령의 인도로 나타나며, 남을 위해 듣는 것은 "덕을 세우며 권면하며 안위하는 것"(고전 14:3)으로서 예언(격려) 사역이 된다.

이 훈련의 목적은 성령의 기름 부으심과 하나님과의 친밀한 교제를 통해 '성령의 직관과 감동, 성령의 내적 음성, 지식의 말씀, 꿈, 환상, 천사의 음성, 귀에 들리는 음성' 등으로 하나님의 음성을 듣고 분별하는 훈련과 기도 사역을 통해 각자의 은사를 활성화시키고 다가오는 부흥의 시대를 위한 사역자로 준비시키는 데 그 목적이 있다.

꿈과 환상의 해석

요엘 선지자가 예언한 마지막 날에 대한 징조로 전 세계적으로 신령한 꿈과 영적 환상들이 쏟아져 내려오고 있다. 성경 전체에는 하나님께서 말씀하신 계시의 한 방편인 꿈과 환상들에 대한 기록으로 가득 차 있다. 이러한 꿈과 환상들은 예언적이며 그것이 이루어졌을 때, 역사가 바뀌어진 것을 볼 수 있다.

본 과정에서는 서구적 이성주의의 영향으로 나타난 꿈과 환상에 대한 부정적 선입견과 오해를 극복하고 주님과의 친밀한 교제를 추구하는 사람들에게 주님께서 그 자신을 알리시고 개인과 시대에 대한 그분의 뜻을 계시하는 방법으로서의 꿈과 환상을 이해하고 해석하는 것을 가르친다. 앞으로 한국 교회에도 본격적인 예언사역시대가 열릴 것이다. 이런 관점에서 꿈과 환상을 성령의 도우심과 훈련을 통해 해석하면 예언사역이 된다. 이 은사를 계발하고 접목해서 개인과 교회와 열방을 섬기는 사역자로 세우는 훈련 과정이다.

1. 서론
2. 하나님의 음성을 듣는 법
3. 꿈으로 말씀하시는 하나님
4. 꿈과 환상의 차이
5. 삶의 목적의 꿈
6. 사명과 은사 부여의 꿈
7. 삶의 방향 지시의 꿈
8. 미래 약속의 꿈
9. 가르치고 진리로 인도하는 꿈
10. 깨닫게 하고 교정하는 꿈
11. 사역의 꿈
12. 치유의 꿈
13. 선포적 꿈
14. 꿈과 환상의 해석과 적용

영적 전쟁과 중보기도 훈련

오늘날 성경이 말하는 이방인의 시대(롬 11:25) 말기에 세계 각처에서 성령님이 주도하시는 폭발적인 하나님 나라 부흥이 일어나고 있다. 이와 때를 같이하여 메시아닉 유대인 부흥의 징조가 본격적으로 시작되고 있다. 최근의 〈Megashift〉라는 선교 자료에 의하면 세계적으로 25분마다 3천여 명이, 하루에 17만 5천여 명이 주님께로 돌아오는 신사도행전적 역사가 일어나고 있다. 하나님의 때, 시대의 때를 분별하는 사람은 자신의 때(인간의 때)를 기다리며 항상 기도하며 깨어 있어야 한다(눅 21:36). 나아가서 "우리의 씨름은 혈과 육에 대한 것이 아니요 정사와 권세와 이 어두움의 세상 주관자들과 하늘에 있는 악의 영들에게 대함이라"(엡 6:12)고 한 것처럼 열방구원과 세계선교의 완성을 위해, 선교 사역을 위해 기도하는 수준을 넘어서서 영적 전쟁을 위한 전략적 수준의 전투적 중보기도가 절실히 요구되고 있다. 구하는 자에게 열방과 열방의 재물을 약속하셨으며(시 2:8, 사 60:5), 예수 그리스도의 계시와(마 12:27, 계 1:1), 하나님을 아는 지혜와 계시의 정신(엡 1:17)을 주신다. 이 훈련의 목적은 전략적 중보기도를 통해 영적 전쟁인 선교에 직접 동참하며, 중보기도 사역자들을 양성하고, 열방구원의 마지막 추수 사역자들을 세우고 파송하는 데 있다.

영광학교(Glory School)

하나님의 영광은 그분 존재의 일부이며, 하시는 모든 것을 의미한다. 영광은 하나님께서 인간에게 능하신 일을 보여 주어 그분의 위대하심을 알리는 속성이다. 즉 보이지 않는 하나님의 현시력이다. 이 영광은 무겁고 빛나고 풍부한 위엄의 광채이며, 하나님의 아름다움이다(사 35:2). 모세는 "원하건대 주의 영광을 내게 보이소서"(출 33:18)라고 기도했고, 베드로와 요한과 야고보는 변화산에서 주님의 얼굴에 나타난 하나님의 영광을 보았다(마 17:2).

하나님께서 기뻐하시는 자에게 그분의 영광을 나타내신다. 하나님께서는 그분의 백성이 하나님의 영광에 참예하기를 원하신다(고후 3:18, 4:6). 더욱이 마지막 때에 이 영광이 하나님의 백성에게 부어질 것이며(사 60:1-3, 학 2:9), 큰 흑암이 땅을 덮을 것이나 영광이 더욱 증가하여 결국에는 여호와의 영광이 나타나 모든 육체가 그것을 함께 보게 될 것이다(사 40:5). 이 영광을 사모하고 체험하여 다가오는 도시와 열방 대추수를 위한 부흥과 영광의 문이 되는 훈련 과정이다.

1. 서론 – 하나님의 영광
2. 하나님의 얼굴과 영광을 구함 – 다윗의 장막
3. 찬송과 영광
4. 영광의 영역 경배
5. 하나님의 불과 불세례
6. 그리스도 영광의 소망
7. 영광의 집, 영광의 문
8. 하나님 나라 부흥의 영광

하나님의 리콜(Recall) 운동(하리운 목회자 컨퍼런스 – 영적 회복과 재충전)

20세기 최대 부흥을 이룬 한국 교회는 작금의 세속화와 영적 침체의 영향으로 분열과 쇠락의 국면에 접어들고 있다고 해도 과언이 아니다. 이제 한국 교회는 부흥보다 회복의 기치를 들어야 할 때다. 그리고 교회 회복은 목회자 회복이 우선되어야 하며, 목회자 회복은 거룩함과 능력의 회복을 전제로 이루어져야 한다. 하나님의 리콜 운동은 목회자들을 재소집하여 영적으로 재충전하는데 그 취지가 있다.

한편 교회 회복을 위한 3대 요소는 하나님의 불, 하나님의 영광, 하나님의 능력이다. 이 운동의 목적은 목회자들이 이 시대에 하나님께서 쓰시기에 합당한 거룩함과 능력을 구비하도록 준비시키는 데 있다. 이를 위해 목회자들이 하나님 음성을 듣고 그분과 친교를 맺을 수 있도록 훈련하며, 하나님의 불과 영광을 체험함으로 사역현장에서 나타나는 하나님의 능력이 되도록 하는 데 그 목적이 있다.

1. 부흥을 위한 기름 부으심
   기름 부으심/하나님과의 친교/하나님의 음성 듣기/꿈과 환상/하나님의 불/하나님의 영광
2. 도시와 열방을 위한 부흥의 문
   자아의 죽음/생각의 견고한 진 격파/거룩한 산제사/생명의 성령의 법/기다림과 안식/다스림/궁극적 사명 발견/엘리야의 영/아버지의 마음(하나님의 감동과 사랑)/영광의 문/예표의 사람
3. 부흥을 일으키는 권세와 능력
   다가온 하나님 나라/다윗의 열쇠/사도적 권세와 비전/사도적 믿음과 능력/하나님의 군대를 일으킴/좌우에 날선 검(하나님의 말씀과 성령의 능력)/치유와 예언사역/아홉 가지 은사와 열매/지혜와 계시의 영(일곱 영)

시편 68편 11절은 "주께서 말씀을 주시니 소식을 공포하는 여자들은 큰 무리라"고 하였다. 창세기 3장 15절의 사탄의 권세를 멸할 인류 구원의 최초 약속이 여자에게 주어졌다. "여자의 후손은 네 머리를 상하게 할 것이요." 이제는 목회자의 아내와 여성 사역자가 마지막 시대 하나님의 비밀병기로 사용될 자신의 정체성을 깨달아야 할 때다. 이를 위해 그들을 짓눌렀던 사탄의 거짓을 파쇄하고 하나님께서 계획하신 본연의 부르심 앞에 서기 위해 높은 곳에 다니게 하시는 은혜를 발견해야 한다.

"주 여호와는 나의 힘이시라 나의 발을 사슴과 같게 하사 나를 나의 높은 곳으로 다니게 하시리로다 이 노래는 지휘하는 사람을 위하여 내 수금에 맞춘 것이니라"(합 3:19).

본 과정은 영적 정체성 발견과 회복, 궁극적 사명 발견을 돕기 위한 것이다.

여호와는 나의 힘/완전한 신뢰와 확신/생명의 길-기쁨과 즐거움/부족함이 없는 은혜/겟세마네에서 부활의 언덕으로/영의 기도, 영의 노래/여성-마지막 때를 위한 하나님의 비밀병기/하나님의 보좌

킹덤 빌더즈 훈련 및 사역

1. 킹덤 빌더즈 훈련
2. 하나님의 음성 듣기 훈련
3. 꿈과 환상의 해석 훈련
4. 중보기도와 영적 전쟁
5. 치유 및 능력 사역 훈련
6. 목회자 리콜 운동(영적 재충전) 컨퍼런스
7. 1박 2일 '오픈 헤븐' 목회자 가족 산상 수련회
8. 사모 및 여성 사역자 높다은 컨퍼런스
9. 어린이 및 주일학교 교사를 위한 은사 사역 훈련
10. 교회와 나라를 위한 지역 연합 기도
11. 민족과 열방 부흥을 위한 각 나라 스타디움 기도회

그 외 요셉 축복–사업의 기름 부으심, 세계 선교와 하나님 나라 부흥, 세미나 및 개교회 부흥과 치유사역을 위한 믿음과 영적 성장, 영적 도약과 상승 집회.

훈련 및 집회 안내
하나님의 리콜 운동

경기도 부천시 소사로 184 302호

홈페이지_ www.hariun.com
유튜브_ 하리운 TV
전자우편_ globaldm2030@yahoo.com